George Mikes:
Gedanken sind zollfrei

Erfahrungen in Bayern, Österreich,
Jugoslawien und Ungarn

Droemer Knaur

Mit dem Fallen des Eisernen Vorhangs hörte Mitteleuropa auf zu existieren. Man spricht zwar weiterhin von Westeuropa und Osteuropa, aber die Mitte ist verschwunden. Wien gehört zum Westen; seine ehemalige Zwillingsstadt Budapest – mit ähnlicher Bevölkerung, ähnlichen Traditionen und in alten Zeiten ähnlichen Kaffeehäusern – gehört zum Osten. Zentraleuropa scheint unbeweint, sogar vergessen zu sein – außer von mir. Ich bin noch immer der Meinung, daß Zentraleuropa etwas zur europäischen Zivilisation beigetragen hat – aber was? Ich glaube, daß es so etwas wie eine Donau-Kultur gibt – aber glauben das andere auch? Ich behaupte, daß Mitteleuropa ein eigenes Gesicht hat – aber wie sieht es heute aus? Also machte ich mich auf und versuchte, seine Züge wiederzufinden.

Was immer »Mitteleuropa« mir bedeuten mag, für angelsächsische Ohren hat der Ausdruck stets einen etwas komischen Klang gehabt. Der Mitteleuropäer ist ein erregbarer Mensch mit wirrer Haarmähne und langem Paletot; ein Mann, der viel zuviel, und mit sehr merkwürdigem Akzent redet. Diese Beschreibung trifft jedoch mehr auf die Angelsachsen als auf die Mitteleuropäer zu. Die Angelsachsen sind Weltbürger, was heißt, daß sie ziemlich beschränkte Ansichten haben. Sie betrachten sich als ein Muster an Vorbildlichkeit, und Menschen, die anders als sie sind – Deutsche, Skandinavier, Hottentotten, Japaner, Italiener und Eskimos –, gelten als komisch. Natürlich sind sie das auch häufig, aber Angelsachsen halten sie für komisch, *weil* sie anders als sie selbst sind. Die Angelsachsen halten sich auch gegenseitig – die Engländer die Amerikaner und umgekehrt – für am allerkomischsten; und sowohl die Engländer wie die Amerikaner belächeln gönnerhaft die Australier. Infolgedessen wird eine Untersuchung der angelsächsischen Einstellung zu Mitteleuropa uns wenig nützen.

Wäre ich ein deutscher Gelehrter, würde es mir schwerfallen, zu definieren, was Mitteleuropa ist. Ich könnte von Längen- und Breitengraden sprechen. Ich könnte sagen: »Länder in dieser und jener geographischen Lage, ohne Zugang zum Meer.« Aber diese Definition schlösse Jugoslawien aus, und ich möchte Jugoslawien einbeziehen. Andrerseits würde sie die Schweiz einschließen, und das möchte ich nicht, einfach deshalb, weil ich bereits ein Buch über die Schweizer geschrieben habe. Norditalien in der Gegend von

Mailand ist ebenfalls näher an Mitteleuropa als Sizilien, aber es ist nicht wirklich Mitteleuropa, sondern ein Mitteleuropa mit betont lateinischem Einschlag. Oder ich könnte von der Habsburger Monarchie ausgehen. Aber ich möchte nicht der Verfasser eines weiteren Buches sein, das von Heimweh nach der Habsburger Monarchie geprägt ist, schon deshalb nicht, weil ich gar kein Heimweh danach empfinde.

Die deutsche Kultur – der kulturelle Raum zwischen Frankreich und Rußland – könnte eine weitere Interpretation liefern, aber für meine Zwecke ist er zu umfangreich. Außerdem hat sich Westdeutschland zu weit nach Westen verschoben, und man darf wohl mit Recht behaupten, daß die Kultur dieser weiten Gebiete nicht rein deutschen Ursprungs ist. Die Donau könnte ebenfalls eine vielversprechende Basis für eine Definition sein. In der Tat ist mein Ausgangspunkt Bayern, das die Donau durchfließt, und ich habe Österreich, die Tschechoslowakei, Ungarn und Jugoslawien, alles Donauländer, hinzugenommen. Aber ich finde, daß Rumänien und Bulgarien wenig mit Mitteleuropa zu tun haben: Sie sind der Balkan (Transsylvanien ist es nicht, wohl aber das alte Königreich Rumänien). Erwidert man mir, daß Jugoslawien ebenfalls zum Balkan gehöre, so stimme ich zu. Aber Jugoslawien ist der Schauplatz eines interessanten und aufregenden Experiments, während Bulgarien sogar unter russischen Satelliten tödlich langweilig ist. Man kann das alles natürlich als persönliche Idiosynkrasie auffassen, und ich bestreite nicht, daß es der gründlichen wissenschaftlichen Rechtfertigung, die einen großen deutschen Gelehrten kennzeichnet, entbehrt.

Also verzichte ich lieber auf die Deutschen und wende mich den Österreichern zu: unter ihnen zu Karl Lueger, um die Jahrhundertwende Bürgermeister von Wien. Er war ein altmodischer Vorkriegs-Antisemit, kein angenehmer Typ. Er hatte – wie alle mitteleuropäischen Antisemiten der alten Schule – viele jüdische Freunde und als man ihm diese Beziehungen vorwarf, antwortete er mit dem berühmten Ausspruch: »Wer Jude ist, bestimme ich.« Lueger gehörte zu den Heldenfiguren Adolf Hitlers und keineswegs zu den meinen, aber einen Punkt möchte ich von ihm übernehmen: Was Mitteleuropa ist, bestimme ich. Zumindest in meinem Buch.

Ich wurde zwei Jahre vor dem Ersten Weltkrieg in Mitteleuropa geboren, um es ein Jahr vor dem Zweiten auf immer zu verlassen.

Ich habe länger im Westen gelebt als in der Mitte. Jetzt, nach der Rückkehr von meinem ersten langen Aufenthalt dort, stellte ich fest, daß Mitteleuropa sich in zwei wesentlichen Punkten verändert hat: es hat etwas Wichtiges verloren und etwas Neues hinzugewonnen.

Es hat seine Kaffeehäuser verloren. Das Kaffeehaus in Mitteleuropa – ein Erbe aus türkischen Zeiten – war nicht nur ein Kaffeehaus, nicht bloß ein Ort, wo Menschen sich einfanden, um zu allen Tages- und Nachtzeiten unzählige Tassen giftig starken, schwarzen Kaffees zu trinken: es war eine Lebensform. In diese Kaffeehäuser ging man zwei- bis dreimal am Tag, verbrachte dort Stunden, las die Zeitungen, diskutierte über Geschäft und Politik, wurde von ehrerbietigen, weißhaarigen Kellnern als ständiger Gast begrüßt und bekam dort seine vertrauliche Post. Das Kaffeehaus war sogar mehr als eine Lebensform, es war eine Kultur. In manchen von ihnen wurden literarische Bewegungen von historischer Bedeutung geboren; in anderen berüchtigte Verbrechen geplant; man debattierte über Politik, politische Parteien wurden gegründet und Regierungen gestürzt. Der Ungarn-Aufstand von 1848 begann in einem Kaffeehaus. Die Politik des Kaffeehauses ist wesentlich anders als die der Klubs, politischen Salons, des Marktplatzes oder der Kohlenbrennerhütten. Ebenso wie der Besucher des Kaffeehauses zu einer anderen Gattung als etwa jene New Yorker gehört, die ihr Hackbeefsteak im Stehen essen und nach dem letzten Schluck ihres schwachen Milchkaffees fortstürzen, um neuen Dollars nachzujagen.

In den Tagen, da Kaffeehäuser blühten, brachte Eile kein Geld ein. Heute sind die Kaffeehäuser, wie ich sie kannte, geschlossen. Ein paar sind zwar übriggeblieben, aber sie sind lediglich Überbleibsel aus einer vergangenen Zeit. Sie mögen zwar geschäftlich florieren, aber als Lebensform ist das zentraleuropäische Kaffeehaus tot. Es ist tot auf beiden Seiten des Eisernen Vorhangs: in Wien ebenso tot wie in Budapest, in Prag wie in Zagreb, also hat sein Tod keine ideologische, sondern soziologische Bedeutung.

Nicht das Ableben des Kaffeehauses hat Mitteleuropa verändert, sondern die Veränderungen in Mitteleuropa brachten das Kaffeehaus um. Zum Kaffeehaus gehörten sehr viel Muße und riesige, geräumige Gebäude. Das Zeitalter des Konkurrenzkampfs unterscheidet scharf zwischen Muße und Arbeit. Es gibt Zeiten, in denen man arbeitet, und andere, in denen man sich – nun, nicht gerade vergnügen, sondern »amüsieren« muß. Man kann nicht täglich zwischen zwei und vier Uhr nachmittags in Kaffeehäusern herumlungern. Und die Bedeutung des *Raum*begriffs hat sich ebenfalls verändert. Heute denkt man dabei an Weltraumfahrt und nicht an große, verqualmte Cafés mit Marmortischen, wo Leute die Tageszeitungen, die in große Holzrahmen geklemmt waren, lasen. Gewisse zivilisierte Institutionen der jüngsten Vergangenheit – zu denen auch das Kaffeehaus gehört – sind so tot wie der Feudalismus oder die Inquisition. Ja, im Grunde sogar weit mehr.

Was Mitteleuropa hinzugewann – wenn man es so ausdrücken will – sind die Russen. Man klagt fortwährend über »russischen Kommunismus«, aber das Schlimme an russischen Kommunisten besteht nicht darin, daß es Kommunisten sind, sondern daß sie Russen sind. Hätte Karl Marx recht gehabt und hätte der Kommunismus zuerst in Deutschland die Macht ergriffen und wäre dann durch französische und britische Einflüsse gemildert worden, so könnten wir heute ein verhältnismäßig zivilisiertes sozialdemokratisches Europa haben, mit Harold Wilson als seinem Breschnew.
Die Russen sind liebenswerte, gutmütige, gefühlsbetonte Menschen mit großen, slawischen Seelen, und kein Volk ist schlechter für eine wissenschaftliche Reglementierung geeignet als sie. Das Schlimme an dem heutigen Kommunismus liegt nicht darin, daß er die Land- und Fabrikbesitzer enteignet und die Börsen schloß, sondern daß er notgedrungen eine Tyrannei der Unterdrückung bleiben mußte. Rußland hatte Tyrannei bereits unter den Romanows erleiden müssen, und die gräßlichen Jahre von Stalins Irrsinn hatten das nur verschlimmert. Die Tyrannei braucht Werkzeuge der Unterdrückung, um sich an der Macht zu halten: entweder das Heer, oder die politische Polizei, oder beides. Das System der politischen Polizei, die vom Heer unterstützt wird, ist ein wesentlicheres Kennzeichen der russischen Herrschaft als die Abschaffung von Privateigentum oder Dividenden.
Nicht etwa, daß Mitteleuropa, ehe der Kommunismus auftrat, ein Land idealer, unschuldiger Demokratie gewesen wäre. Bayern und Österreich waren nazistische Länder, und Österreich war sogar, bevor Hitler auf der Bildfläche erschien, ein faschistisches Land. Ungarn war halb faschistisch und feudal, Jugoslawien eine königliche Diktatur, hoffnungslos arm und zurückgeblieben. Die Tschechoslowakei war von allen noch das Beste – noch am anständigsten, am industrialisiertesten, am demokratischsten –, abgesehen

von einigen Schönheitsfehlern. Es wurde schikaniert, verraten und aufgeteilt. Aber sogar in Mitteleuropa stellte das Eintreffen der Russen die Zeit um viele Jahrzehnte zurück. Heute hinkt das russisch besetzte Mitteleuropa nicht mehr hinter dem Westen nach: es bemüht sich, der Sowjetunion voraus zu sein. Einst war Mitteleuropa der Ort, wo der Westen aufhörte; heute ist es der Ort, wo der Osten beginnt.

Dazu kommt noch, daß als Wirtschaftssystem der Kommunismus versagt. Es bekümmert mich tief, daß dem so ist, aber es läßt sich nicht leugnen. Die Menschen hinter dem Eisernen Vorhang sind schlecht gekleidet, schlecht ernährt, schlecht behaust, und das einzige, was ihre sämtlichen Propagandaorgane zu tun vermögen, ist, den »materialistischen« Westen zu beneiden und im Namen einer Ideologie anzuklagen, die längst aufgehört hat, eine Ideologie zu sein und nur noch den Zweck hat, die russische Politik zu fördern. Die internen Systeme russisch regierter Länder sind tyrannisch; vom außenpolitischen Standpunkt gesehen, ist die Sowjetunion eine altmodische, imperialistische Macht – wo man nicht genug Fleisch bekommen kann und die Rasierklingen einem Bartwuchs nichts anhaben können.

»Aber trotzdem haben wir eine aufrichtige Achtung für die Russen«, sagte mir ein ungarischer Freund. »Wenn man mit einem Gorilla in ein und denselben Käfig gesperrt ist, so daß man sein ganzes Leben mit ihm verbringen muß, kann man nicht umhin, ihn zu achten.«

Die Anwesenheit oder Nähe des russischen Gorillas ist das überragende Erlebnis aller mitteleuropäischen Staaten. Der gesamte Charakter des betreffenden Staats wird von seiner Beziehung zu den Russen bestimmt. Bayern hatte nur eine vorübergehende Bekanntschaft mit den Russen. Österreich – felix Austria! – gelang es, sie loszuwerden, aber es hat gemeinsame Grenzen mit zwei Ländern des Eisernen Vorhangs, und bei zwei denkwürdigen Anlässen sind Tausende von Flüchtlingen nach Österreich eingeströmt. Jugoslawien hat erfolgreich und mutig mit den Russen gebrochen, und dieser Bruch war eines der hervorstechendsten Ereignisse der Nachkriegsgeschichte. Ungarn versuchte, sie mit Gewalt abzuschütteln, und erfuhr eine bittere Lehre. Heute weiß es, daß es mit den Russen leben muß und es keine Möglichkeit gibt, sie loszuwerden. Es mag Kompromisse erreichen, kleine Verbesserungen, heimliche Liebäugeleien mit dem Westen, aber nur indem es sich mit der grundlegenden Tatsache abfindet: das Land ist nach Osten gerückt, in die russische Sphäre. Die Tschechoslowakei versuchte – zwölf Jahre nach dem ungarischen Aufstand – klüger und geschickter zu sein, erfuhr jedoch eine ebenso bittere Lehre. Sie leidet noch immer unter den Folgen.

Das russische Imperium umfaßt ein riesiges und vielfältiges Gebiet. Die Tschechoslowakei ist noch immer ein weit fortschrittlicheres Land als Kasachstan. Der Eindruck, den man davon gewinnt, hängt von der Richtung ab, aus der man kommt. Sollte man in Budapest beispielsweise aus Wien ankommen, sieht es grau und trübselig aus; kommt man aber aus Warschau oder Moskau hin, ist es geradezu ein Traumland. Für die Russen ist Budapest ein ebenso begehrenswertes Ziel wie Paris für die Ungarn.

Mitteleuropa war früher für mich ein Ort, wonach ich Heimweh hatte. Das Wiedersehen mit einem solchen Ort kuriert einen im allgemeinen von Heimweh. Es ist immer verfehlt, Erinnerungen, Idealen und der eigenen Jugend nachzuhängen. Ich fand ein sehr anderes Mitteleuropa vor, als das meiner Erinnerungen. In gewisser Weise fand ich es überhaupt nicht. Während meiner Reise neigte ich oft dazu, zu glauben, daß das natürliche Gefühl der Menschen wieder einmal recht gehabt hatte: daß Mitteleuropa tatsächlich verschwunden sei. Wien *gehört* zum Westen, und Budapest *gehört* zum Osten. Budapest ist nur zweihundertfünfzig Kilometer von Wien entfernt, aber ebenso zweitausendfünfhundert Kilometer: die Entfernung zwischen Moskau und Paris. Aber Mitteleuropa ist noch immer meine Heimat: ich bin noch immer ein unverbesserlicher Mitteleuropäer. Ich liebe das Volk, ich liebe meine Muttersprache. Ich liebe die Landschaft, ich liebe meine Freunde. Ich mache mir Sorge über den Verschwindungsakt, den Mitteleuropa vollführt, aber ich bleibe ein treuer und liebender Sohn meines dahinschwindenden Elternteils.

Bayern

Die preußische Invasion

Bayern ist das Yorkshire Deutschlands. Wenn ein Ausländer nach Huddersfield oder East Riding kommt, glaubt er, er sei in England. Das wird zwar im Grunde niemand bestreiten, aber in Wirklichkeit ist er in Yorkshire. Die Menschen, die er trifft, werden – wenigstens nicht allzulaut – protestieren, wenn er von ihnen als Engländern spricht; sie selbst aber bezeichnen sich als Yorkshirer. Yorkshirer bedeutet unter anderem auch Engländer, aber es ist mehr, etwas Besseres, etwas unendlich Überlegenes.

Die Bayern sind Deutsche, und sie werden es nicht wirklich bestreiten. Aber vor allem sind sie Bayern, die einzige, große nationalbewußte völkische Einheit in Deutschland, die auf andere Deutsche fast ebenso hochmütig heruntersieht, wie andere Deutsche auf sie. (Vielleicht sind Württemberger nicht viel anders, aber schwäbischer Nationalismus läßt sich kaum mit bayerischem vergleichen.)

Die großen Rivalen der Bayern waren früher die Preußen. Die Preußen waren es, die sie überschatteten; die Preußen zwangen sie 1871 in das neugeeinte Deutschland hinein, und viele Bayern betrachteten Ludwig II. (der König, der dem Druck Bismarcks nachgab) als Verräter; der König von Preußen war es, der Kaiser von Deutschland wurde und der die Könige von Bayern, einst Hauptdarsteller auf der europäischen Bühne, in Lehensherren verwandelte, »die dazu angetan waren, den Fortschritt zu fördern«.

Heute heißt das meistgekaufte Geschichtsbuch in Bayern »Wie Bayern unter die Pickelhaube kam 1870–1970« von Bernhard Ücker, und sein Schutzumschlag zeigt einen preußischen Soldatenhelm – der sich übrigens sehr wenig von einem bayerischen Soldatenhelm unterscheidet. Das Buch kam 1970 heraus. Fremde könnten annehmen, daß Preußen seit einem Vierteljahrhundert tot sei und Bayern als ein Land der Bundesrepublik floriere. Aber Fremde wären, wie üblich, im Irrtum.

Das Wort »Preuße« hat in dieser Gegend seinen Sinn längst verändert. *Preuße* – wie man es in Bayern verwendet – schließt nicht unbedingt Preußen aus; *Preußen* sind ebenfalls Preußen, aber ebenso sind das *alle* Deutschen, die keine Bayern sind. Sachsen und Rheinländer, Thüringer, Holsteiner, alle sind Preußen. Als nach dem Krieg deutsche Flüchtlinge aus allen Teilen Deutschlands hereinströmten – und sogar aus benachbarten Ländern – war die Hauptsorge der Bayern nicht etwa, daß ihr Land überbevölkert und ausgehungert werde, sondern daß es verpreußt würde.

Leute aus der Provinz jedes Landes der Welt hassen (und beneiden) ihre Hauptstadt. Sie sagen einem, daß London nicht Britannien, daß New York nicht die Vereinigten Staaten sei. Die Bayern werden mit noch größerem Nachdruck und Eifer erklären, daß München nicht Bayern sei. Es sei eine total internationale Stadt geworden mit all diesen Preußen – d. h. Sachsen, Thüringern, Pommern, Balten etc. Und Schwaben. Schwaben sind keine Bayern, aber sie sind auch keine Preußen. Nur Gott und die Bayern wissen, was sie eigentlich sind. Zugleich wird einem gesagt, daß München die wahre Hauptstadt Deutschland ist, da Berlin in der Isolation altert und verfällt. Mit anderen Worten ist München zwar die wahre Hauptstadt Deutschlands, nicht aber die Hauptstadt von Bayern.

Dieses anti-preußische Vorurteil stirbt langsam, zumindest im Sprachgebrauch. Gewiß finden sich noch ein paar ältere Bayern, die seufzend erklären: »Das waren noch Zeiten, als man ungestraft auf Preußen schießen durfte.« Eine ganze Reihe zitiert noch den alten Ausspruch: »Nördlich der Donau (ehemals Franken) ist Ausland; nördlich des Mains (Preußen) ist Feindesland.« Die Berliner würden darauf erwidern: »Der Bayer ist der Übergang vom Österreicher zum Preußen.« Dieses gegenseitige Vorurteil ist inzwischen eher ein Witz geworden; aber ein Bodensatz bleibt. »Die Bayern sind grobe Bauern«, erklärt der Industrielle aus dem Ruhrgebiet, und die Bayern nehmen diese Beschimpfung mit trotzigem Stolz hin.

Junge Bayern machen sich über solche kleinlichen Nationalismen keine Gedanken und – behaupten – es sei ihnen völlig egal. Sie lieben die Franzosen, die Engländer, akzeptieren die Amerikaner und finden sich sogar mit den Preußen ab. Jedoch habe ich den Verdacht, daß das, was wie eine neue Einstellung aussieht, hauptsächlich eine Frage der Terminologie ist. Bayern sprechen immer weniger von *Preußen*, dafür immer mehr von Norddeutschen – und meinen damit dasselbe: diese abscheuliche Rasse, zu denen alle anderen Deutschen gehören. Die Norddeutschen, vor allem die Düsseldorfer Geschäftsleute, sind es, die bayerisches Land aufkaufen; sie sind die neueste Bedrohung bayerischer Rassenreinheit. Der Düsseldorfer Direktor besitzt bereits eine Villa in Sizilien und eine weitere im Tessin, aber jetzt kauft er die dritte, ein bißchen näher an seinem Wohnsitz, in den schönen bayerischen Bergen, wo er (mehr oder weniger) die Sprache des Landes spricht. Die Bayern behaupten, daß sie allmählich zu einer norddeutschen Kolonie werden. Die Schweizer durften es Ausländern verbieten, sich weiterhin in ihrem Land anzukaufen, aber die Bayern haben keine Möglichkeit, diesen Ausländern aus Hamburg, Düsseldorf und dem Ruhrgebiet ihr Land zu verbieten.

Dieses Murren des Protests der Bayern ist zur Zeit nur ein Murren – und ich werde später auf das Thema zurückkommen. Wer zum ersten Mal und nur für kurze Zeit hinkommt, verspürt wenig davon. Er ist beeindruckt von dem emsigen, betriebsamen Leben in den bayerischen Städten – vor allem in München – und überzeugt, daß er sich in Deutschland befindet. Dieser falsche Eindruck ist dermaßen verbreitet, daß wir vielleicht einen Blick auf das heutige Bayern werfen sollten, als wäre es tatsächlich Deutschland.

Wir beide, Deutschland und ich, begegneten uns zum ersten Mal im Jahr 1952, als ich hinüberfuhr, um Material für ein Buch zu sammeln. Seitdem habe ich es häufig besucht und es sehr genau beobachtet. Wir haben uns beide inzwischen stark verändert. Ich bin etwas älter geworden, Deutschland etwas jünger, ich bin etwas ärmer geworden, Deutschland dagegen viel reicher. Ich bin viel glücklicher geworden; und Deutschland ebenfalls. Und wir ähneln uns noch in einem anderen Punkt: wir sind beide sehr viel gereist. Für ein Land ist es natürlich ungewöhnlich, zu reisen, aber Deutschland brachte das fertig. Als ich es kennenlernte, befand es sich auf dem Weg zu den Vereinigten Staaten; es wurde mit großer Geschwindigkeit amerikanisiert. Aber vor etwa fünf Jahren überlegte es sich anders und kehrte nach Europa zurück. Die Veränderung ist nicht leicht zu erkennen, doch ist sie unbedingt vorhanden. Sowohl der schwerfällige deutsche wie der amerikanische Möbelstil ist aus den Schlaf- und Wohnzimmern verschwunden und durch skandinavische Stücke ersetzt worden. Das Rauchen amerikanischer Zigaretten, sowie Bermuda Shorts und Blue Jeans sind im Schwinden begriffen, und die Frauen richten sich nach Paris oder tragen Miniröcke englischen Stils. Die Männer haben die typisch amerikanischen Hosen aufgegeben und sie durch solche italienischen Schnitts ersetzt. Amerikanische Krawatten sind vorbei, dafür sind englische Streifen und schottische Karos Trumpf. Der schwere Typ amerikanischer Schuhe ist gewichen und hat leichten, eleganten und zierlichen italienischen Schuhen Platz gemacht. Deutschland ist mit seinen neuen Schuhen nach italienischem Muster wieder nach Europa zurückspaziert. Herzlich willkommen! Man braucht nur durch die Haupteinkaufsstraße irgendeiner größeren Stadt zu wandern, um den Reichtum Deutschlands wahrnehmen zu können. Reiseagenturen sprießen überall, verlockende Plakate laden einen ein, mit Reisegesellschaften ferne Länder zu besuchen: verbringen Sie Ostern in Bali, kaufen Sie in Hongkong ein, fahren Sie in vierundzwanzig Tagen um die Welt. Die Plakate appellieren an ihr Ehrgefühl: Was, Sie kennen den Indischen Ozean noch nicht? Aber so etwas . . . Grundstücksmakler offerieren Land auf den Bahamas, in Marokko und Sizilien, Villen an der türkischen Küste Kleinasiens (und natürlich in Bayern), oder Mietyachten in der Karibischen See. Oder man nehme nur einmal den Katalog des großen Versandhauses Neckermann: 623 Seiten in prachtvollem Buntdruck. Man kann unter mehreren tausend Kostümen, Anzügen und Mänteln auswählen – von Mini über Midi bis Maxi – für Männer, Frauen und Kinder. Man schreibt eine Postkarte, und Farbfernseher, fliegende Fische, tropische Vögel (Flamingos, Pelikane oder Kakadus), mittelalterliche Musikinstrumente oder Taucherausrüstungen werden einem ins Haus geliefert; ferner aufblasbare Schwimmbecken, Schnellboote, Yachten, Rennwagen oder ein Observatorium mit dem besten Teleskop. Das Teleskop und die Villen sind bedeutsamer, als die meisten Leute glauben. Die Amerikaner sind im großen und ganzen introvertierte Menschen: sie beobachten sich fortwährend selbst. Die Deutschen blicken nach außen; sie beobachten – vielleicht allzu besorgt, mit allzu großen Teleskopen – die anderen. Nach zwei Weltkriegen haben die Deutschen ehrlich und endgültig jeden Gedanken daran aufgegeben, Europa zu erobern. Kaum war das geschehen, gelang es ihnen, ohne sich überhaupt darum zu bemühen. Halb Europa – zumindest die Hälfte, die in der Sonne liegt – gehört ihnen. Wo Panzer versagten, behielt das Scheckbuch die Oberhand; wo wertlose Bomber scheiterten, hatte die neue D-Mark Erfolg. Auch das war ein Blitzkrieg: sie brauchte nicht viel mehr als zehn Jahre dazu. Und jetzt haben sie *beinahe* etwas erreicht, was nicht einmal Hitler gelang: den *Anschluß* mit Bayern.

Was ist mit den alten Klischees? Sie sind nur schwer auszumerzen. Aber andererseits entstehen sie nie ohne guten Grund. Wie deutsch sind heute die Deutschen? In welchem Umfang entspricht der moderne Deutsche, den man in München trifft, dem Bild eines Deutschen, der im vorigen Jahrhundert geboren wurde? Dieses Bild ist jetzt ein Jahrhundert alt. Es entstand oder wurde zumindest in Versailles, im Jahre 1871, konzipiert, in der Stunde der deutschen Einheit. Bis dahin wurde der typische Deutsche als komischer, unfähiger Gelehrtentyp dargestellt, als Fürstendiener, der Wurst und Bier liebte und sich für Beethoven und Bach statt für Krieg und Politik interessierte. Dann tauchte das Bild des kriegerischen, im Storchschritt marschierenden Preußen auf, steif, humorlos und brutal, der auf den Gefühlen und dem Boden andrer Menschen herumtrampelte. Dieses Bild lebte ein Jahrhundert lang, gipfelte in dem grausigen Alptraum des Konzentrations- und Vergasungslagers und ist jetzt im Verblassen.

Der moderne Deutsche – die letzte Version – ist viel weniger germanisch als sein Vorgänger. Manche alte Gewohnheiten sind schwer auszurotten, besonders bei alten Leuten. Ein Taxi-Chauffeur konnte das Haus, wohin ich wollte, nicht finden, obgleich ich ihm die richtige Adresse angegeben hatte. Dann entdeckte er, daß ich ein bekanntes Zeitungsgebäude meinte. »Ja, das ist es«, sagte ich. »Vielleicht hätte ich Sie darauf hinweisen sollen. Es tut mir leid.« Er erwiderte großmütig: »Das macht nichts. Wir alle irren uns mal. Irren ist menschlich.« Mit anderen Worten, er war durchaus bereit, mir *seinen* Irrtum zu verzeihen: Es war allein meine Schuld, daß er das Gebäude nicht fand, nachdem ich ihm die richtige Adresse gegeben hatte, aber er trug es mir nicht nach. So etwas existiert noch immer, aber es nimmt ab.

Das berühmte deutsche Hackenschlagen ist vorbei – es starb einen natürlichen Tod mit dem Verschwinden der Nazis. Wohin man kommt, hört man Redewendungen wie »bitte schön«, »danke schön«, »gestatten Sie, bitte«, »darf ich« usw. eine Spur zu formell und steif, beinah feudal, kommt es einem vor. Titel und Rang sind noch immer geachtet: sie sind feste Leitbilder und etablieren eine richtige Hierarchie. *Professor* – im Gegensatz zu den Vereinigten Staaten – bedeutet in Deutschland noch immer etwas. Es gibt eine Fülle von *Doktor-Doktor,* und es wimmelt von *Frau Regierungsoberinspektor.* Der frühere Präsident Heinemann hat drei Doktor-Titel und seine Schmeichler haben alle drei verwendet. Die Manieren haben sich bis zur Unkenntlichkeit verbessert, aber wenn es hart auf hart geht, werden sie häufig vergessen. Ein ungarischer Freund, den ich in München traf, sagte mir etwas beschämt: »Da ich, ehe ich nach München kam, zehn Monate in England lebte, verwandte ich meine besten Londoner Manieren, als ich an einem Regentag versuchte, ein Taxi zu ergattern. Die Leute pufften und traten mich und einer zerrte mich sogar mit Gewalt aus einem Taxi heraus. Auf diese Weise entgingen mir sieben Wagen. Dann sagte ich mir: ›Verdammt noch mal, ich stamme ja nicht aus London. Ich stamme in Wirklichkeit aus Budapest.‹ Das folgende Taxi bekam ich dann.«

Ein britischer Bibliothekar, der in einer deutschen Stadt arbeitet, sagte mir folgendes: »Ich treffe viele meiner Kunden jeden Morgen an der Bus-Haltestelle. Sie verbeugen sich, sie schütteln mir die Hand, sie erklären, wie erfreut sie seien, mich zu sehen. Sie könnten nicht netter oder bescheidener sein. Wenn der Bus ankommt, puffen sie mich in den Bauch, schubsen mich zur Seite, springen auf den Bus und lassen mich keuchend auf dem Trottoir zurück.«

Militarismus? »Das Schlimme ist«, sagte mir ein amerikanischer Offizier, »daß die Deutschen nicht militaristisch genug sind.« Das deutsche Heer ist zweifellos das zwangloseste der ganzen Welt. Rekruten durften lange Haare und Hippie-Bärte tragen; sie brauchen ihre Offiziere nicht zu grüßen, mit Ausnahme ihres unmittelbaren Vorgesetzten. Die meisten Feldwebel fürchten eine Anzeige wegen Unhöflichkeit gegenüber ihren Rekruten, denn Rekruten – Mitglieder einer Bürgerwehr – könnten einer Gewerkschaft angehören. Wie Georg Vine, ein englischer Journalist, der in Bonn arbeitet, in seinem Buch, wo er von dem berühmten alten Feldmarschallstab im Tornister spricht, bemerkt: Der frühere deutsche Soldat konnte es zum Feldmarschall bringen; der heutige kann Sekretär des Gewerkschafts-Kongresses werden.

Auch sind die Deutschen nicht patriotisch genug: sie waren zu sanft und zu wenig selbstbewußt gegenüber de Gaulle, und die bombastischen Phrasen und der nationalistische Donner sind seit einiger Zeit westlich des Rheins sehr viel lauter zu hören gewesen als östlich davon. Herr Willy Brandt war vielleicht der beliebteste Staatsmann in Europa. Mehr als zwei Jahrzehnte lang hat kein Deutscher zu äußern gewagt, daß die Wiedervereinigung eine Illusion sei und daher Ostdeutschland ebensogut anerkannt – oder zumindest geduldet werden könne, als ein zweiter (oder, mit Österreich, dritter) deutscher Staat. Herr Brandt betrachtete Ostdeutschland mit neuen Augen und wurde zu dem kleinen Jungen, der entdeckte, daß dieser besondere Kaiser durchaus nicht so nackt sei; wenn auch nicht besonders gut angezogen, so existierte er zumindest.

Auch glaube niemand, der Deutscher werden will – besonders als Frau –, daß man dick werden müßte. Die dicke deutsche Hausfrau ist fast ebenso ausgestorben wie der hackenschlagende preußische Offizier mit dem teutonischen Haarschnitt. Deutsche Mädchen sind schöner und reizvoller als je zuvor. Auch früher hatten sie hübsche Gesichter, aber heute haben sich ihre Figuren ebenfalls enorm verbessert. »Das Wirtschaftswunder ist gar nichts; das *Fräuleinwunder* ist alles«, habe ich häufig sagen hören. Das *Fräuleinwunder* ist das Wunder der schlanken deutschen Mädchen, die an Diät und Figur denken und es an Eleganz mit allen Mädchen der Welt aufnehmen können.

Wenn man findet, daß es an der Zeit sei, den deutschen Charakter genauer unter die Lupe zu nehmen, so stellt man fest, daß im Herzen dieses ordnungsliebenden und logischen Volks fundamentaler Widerspruch und Unlogik bestehen; die Deutschen sind gewiß weniger deutsch geworden, aber das kommt daher, daß sie gewisse Dinge durcheinander bringen. Sie glauben, daß die Pflicht ein Vergnügen ist, und das Vergnügen harte Arbeit; sie beobachten ihre eigenen Laster mit befangener Sorge und ahnen nicht, daß diese Laster durchaus menschlich, während ihre Tugenden schwer erträglich sind.

Schwerarbeit ist im Abnehmen begriffen. Arbeit ist kein wichtiges Gesprächsthema mehr, sie kommt erst nach Sport, Witzen, Politik und Autos. Im Jahre 1952 wurde mir eines Morgens ein total zerstörtes Zimmer vermietet, und innerhalb von vierundzwanzig Stunden war es instandgesetzt und neu eingerichtet, sogar mit spitzenüberzogenen Sofakissen und Porzellanengeln aus der Biedermeierzeit, die auf meinem Nachttisch Harfe spielten. Das könnte heute nicht mehr passieren. Heute ist die deutsche Arbeitswoche eine der kürzesten in Europa, und die Schwaben, die fleißigsten Arbeiter von allen – arbeiten sogar noch weniger als der Rest. Ihr Land ist, was die Religion betrifft, sowohl katholisch wie evangelisch, und sie heiligen *sämtliche* Feiertage. Man kann oft eine Gruppe von Arbeitern beobachten: sechs faule Italiener, die schwer arbeiten, während zwei fleißige Deutsche ihnen zusehen.

Vergnügen und Muße jedoch werden von ihnen als Pflicht betrachtet. Viele Biersäle – mit ihren schweren gotischen Gewölben – wirken wie Tempel, und genau das sind sie auch. Wenn es an der *Zeit* ist, sich zu vergnügen, dann vergnügen sie sich. Fasching und Oktoberwiese sind Zeiten des Vergnügens. »Seid fröhlich!« heißt der Befehl, und sie befolgen ihn. »Werft alle Zurückhaltung ab!«

wird ihnen befohlen, und sie werfen jede Zurückhaltung ab. Ich beobachtete einmal einen deutschen Fabrikdirektor im dunklen Anzug, der mit düsterer Miene in einem dicken Mercedes in einem Dorf am Tegernsee ankam, während sein Chauffeur unter der Last einer riesigen Aktentasche, die er ins Haus trug, beinah zusammenbrach. Der Chef ging ebenfalls ins Haus, um fünf Minuten später, als bayerischer Jäger, mit Lederhosen und einem ulkigen, federgeschmückten Hütchen wieder zu erscheinen; nach weiteren fünf Minuten sang er in der *Bierstube* mit den Dorfmädchen fröhliche Lieder. Er war lustig, zu Scherzen aufgelegt und heiter. Er konnte nur wenige Stunden in seinem Landhaus verbringen, also durfte er keine Zeit verlieren.

Die Schwächen der Deutschen sind äußerst menschlich, ich verarge sie ihnen nicht. Ihre Tugenden finde ich schwerer zu ertragen. Ich meine ihre Pünktlichkeit, Tüchtigkeit, Gründlichkeit, Sauberkeit und all die kleinbürgerlichen Tugenden, die dazu angetan sind, den Menschen spießig und selbstgefällig zu machen. In Deutschland wird Tüchtigkeit ebensosehr bewundert, wie sie in Irland verachtet wird; Pünktlichkeit ebenso geschätzt, wie in Italien mißachtet. (In Deutschland bedeutet 19 Uhr 30 zum Essen nicht später als 19 Uhr 32; in Italien bedeutet es jede Zeit nach 21 Uhr 15). Noch immer gilt es in manchen Kreisen als Lebenszweck, seine Türklinken auf Hochglanz zu polieren. Jedoch freue ich mich, berichten zu können, daß mit dem Organisationstalent ein Talent für Fehl-Organisation parallel läuft. Man erlebt es an den unwahrscheinlichsten Orten. Der Flughafen Köln-Bonn, zum Beispiel, klappt wie eine Uhr. Trifft man aber auf einem Inlandsflug ein und will sein Gepäck suchen, ist die Hölle los. Keine Schilder zeigen an, welcher Gepäckstapel aus welcher Stadt angekommen ist: alles wird in einer riesigen Halle auf einen Haufen geworfen, und man kann sehen, wo man bleibt. Ich sah ältere Damen über hohe Schaltertische springen, dicke Herren sich in Stapel von Koffern stürzen und kreischende Kinder unter Rollwagen verschwinden. Es herrschte totales teutonisches Chaos und erwärmte mein Herz.

Die Kunst der Konversation steht in diesem Zeitalter nicht gerade in Blüte, und Deutschland macht keine Ausnahme. In England dreht sich die Unterhaltung gewöhnlich um das Wetter, das für die Briten etwas ungeheuer Faszinierendes hat; in Amerika hört man meistens einiges plumpe Renommieren, was dazu dienen soll, die Wohlhabenheit des Sprechers darzutun, seinen Einfluß, den

Erfolg seines Sohns oder seine Absicht, ein größeres Schwimmbecken zu bauen. In Deutschland beziehen sich die aufregendsten Themen auf Sachliches. Die Leute sind bereit, sich in lange und hitzige Diskussionen darüber einzulassen, ob man auf einer bestimmten Station umsteigen muß oder nicht; sie können sich außerordentlich darüber erhitzen, welches die kürzeste Autostrecke zwischen zwei Ortschaften sei. Sie dächten nicht daran, in einem Fahrplan oder auf einer Karte nachzusehen – das würde die Diskussion verderben. Ich hörte einmal einen fieberhaften Wortstreit darüber, ob ein Ort – wo beide Beteiligten die Ferien zusammen verbracht hatten – zehn oder vierzehn Kilometer vom Meer entfernt gewesen sei. Als einer der Männer behauptete, daß er die betreffende Strecke in kürzerer Zeit als der andere zurückgelegt habe, war ich sicher, daß Blut fließen werde.

Ich habe mehrfach auf den Unterschied zwischen der älteren und jüngeren Generation der Deutschen angespielt. Viele Beobachter haben diesen Unterschied betont, und er scheint heute ein überholtes Klischee zu sein. Es gibt nicht nur zwei, sondern *drei* Generationen von Deutschen. Für einige Leute geht der Krieg noch immer weiter und wird vermutlich niemals enden; viele andere leben in der Nachkriegszeit. In Wirklichkeit ist jedoch auch die Nachkriegszeit vorbei. Der Krieg war vor einem Vierteljahrhundert zu Ende. Sogar jene »unschuldigen deutschen Kinder«, die selbst von den schlimmsten Deutschenfressern von der Verantwortung freigesprochen wurden, die unter Hitler noch in die Schule gingen, sind heute kahlwerdende, ältere Männer von vierzig und darüber. Die wirkliche deutsche Jugend wurde nach dem Krieg geboren, und für diese Generation ist der Zweite Weltkrieg ebensosehr Geschichte, wie für uns der Krim-Krieg oder der Spanische Erbfolge-Krieg Geschichte sind. Sie sind in erster Linie moderne junge Leute und erst in zweiter Linie Deutsche.

Es wäre natürlich falsch, anzunehmen, daß diese Dreiteilung in Deutschland klar verläuft: daß alte Leute zum Typ A, ältere zum Typ B und die Teenagers und Twens zum Typ C gehören. In menschlichen Belangen gibt es nichts, das so einfach und klar verläuft, nicht einmal in deutschen Belangen – den Belangen einer Rasse, deren Ordnungssinn größer ist als bei den meisten von uns. Der beste Beweis für die Verwickeltheit dieser Frage ist die Reaktion auf Gesundheit und Sex.

Mit der Gesundheit wird in Deutschland ein wahrer Götzendienst getrieben, und darin wetteifern jung und alt. Gesund sein ist eine

Pflicht, also wird »zur Kur« in die verschiedensten Orte gereist, die stets voll von völlig gesunden Leuten sind. Je höher die gesellschaftliche Stellung, um so ausgefallener die Krankheit, an der einem zu leiden zusteht, und um so teurer die Kuren, die man in den exklusivsten Heilbädern machen darf. Gesunde ältere Herren anderer Länder machen zur Belohnung für langjährige Dienste bei ihrer Firma eine Weltreise; in Deutschland machen sie »eine Kur«: es ist ihre Pflicht, die Maschine zu überholen und zu ölen, und ein paar Ersatzteile auswechseln zu lassen, um sich für ein paar weitere Dienstjahre instand zu setzen.

Mehr als einmal ist mir gesagt worden: »Wenn Sie eine Deutsche verführen wollen, brauchen Sie ihr nur zu sagen, daß es gesund sei.«

Jawohl, Sexualität und Gesundheit hängen eng zusammen. Die Deutschen haben festgestellt, daß dies das Zeitalter der sexuellen Revolution sei und daß Sexualität irgendwie zur Demokratie gehöre. Und sie sind gute Demokraten, die darin niemandem nachstehen. Sie akzeptieren pflichtgetreu das Sex-Zeitalter und tun, was sie können. In ihrem Wohlstandsland ist Sex ein Geschäft geworden. Eine fünfzigjährige deutsche Dame, Beate Uhse, ist dank dem Sex zur Millionärin geworden: ihre Sex-Läden haben einen Jahresumsatz von ca. 20 Millionen Mark. Sie verkauft 1800 Artikel, die alle mit Sex zu tun haben, darunter eine große Auswahl raffinierter Präservative und Aphrodisiakas, einschließlich Pralinen für willige Männer und unwillige Damen; sie verkauft sogenannte »schnellausziehbare Höschen« und batteriebetriebene Stimulationsapparate für alternde Männer, sowie Liebestränke und Salben für männliches Timing bei sexueller Betätigung. Es wird eine Fülle von Büchern über das »geheime Leben« scheinbar ehrbarer Leute sowie Gruppensex angeboten, eine Fülle von erotischen Lexika, Handbüchern für Homosexuelle und eine ausgewählte Schrift des Uhse-Buchklubs: *Helga und Bernhard zeigen 100 Positionen der Liebe*. Die Läden gehören zum Selbstbedienungs-Typ. Die Kunden sind alle männlichen Geschlechts jeden Alters, so unbefangen und ungeniert wie Kunden in einem Supermarkt – die Verkaufsangestellten dagegen alles Frauen, die einem die raffiniertesten Präservative einpacken, als wäre es Zahnpasta oder Käse.

Frau Beate Uhse ist gesellschaftlich verfemt, von Klubs ausgeschlossen und von Organen der Kirche angeprangert, aber sie selbst hält sich für eine Missionarin und eine Sozialpädagogin.

Was immer sie auch sein mag, der Sex scheint sich etabliert zu haben. Orgien, wenn auch nicht gerade an der Tagesordnung, breiten sich immer mehr aus und werden in verschleierter Sprache diskret inseriert. Ich traf einen ehrbaren Geschäftsmann, der zugab, daß er häufig an solchen teilnahm, und ich fragte ihn, warum.

»Sie sind nicht so teuer«, erwiderte er.

Ein durchaus vertretbarer Grund. Aber er fügte noch einen zweiten hinzu: »Außerdem sitzt man den ganzen Tag am Schreibtisch. Man braucht einfach ein bißchen Bewegung.«

Für die deutsche Sex-Revolution gibt es die verschiedensten Erklärungen; jene scheint eine von vielen zu sein. Aber weit aufschlußreicher erscheint die Erklärung, die von Psychologen geboten wird. Ich las einen Aufsatz, in dem behauptet wurde, daß die Sexwelle in Deutschland ein Versuch sei, »die Vergangenheit zu bewältigen«. Ein anderer drückte es anders aus und sagte, das junge Deutschland versuche, »die Vergangenheit im Bett zu bewältigen«. (Notabene: das *junge* Deutschland, das weder *Vergangenheit* noch Schuldkomplexe hat.) Laut einer noch komplizierteren Version ist die Sexwelle »eine Art Kompensation für den Militarismus, der in Deutschland nicht mehr erlaubt ist«. Kann sein. Zufällig kam mir gleich nach dieser gelehrten Lektüre ein Aufsatz über dänische Pornographie in die Finger. Darin erklärte ein Psychologe, daß die grenzenlose Freiheitsliebe der Dänen so zwangsläufig neue Ventile finden mußte. So ist es also. Bei den Dänen ist es eine lobenswerte Liebe zur Freiheit; bei den Deutschen ist es die *Vergangenheitsbewältigung* und ein Ersatz für den Militarismus. Aus alledem ziehe ich den folgenden Schluß: Die Deutschen haben sich sehr geändert – aber vergeblich. Sie mögen sich noch so sehr ändern, für die übrige Welt bleiben sie sich gleich. Wir anderen wollen nicht sehen, was uns direkt vor der Nase liegt, wir sehen nur das überholte Bild; das Bild, das wir sehen wollen.

Das fremde Element

Wenn die Bayern sich in ihrem schönen Land umsehen, erblicken sie drei Haupttypen fremden Elements.

München ist eine kosmopolitische Hauptstadt, die beste Stadt in Deutschland, voll von ehemaligen Flüchtlingen, Preußen, Norddeutschen, Geschäftsleuten und Grundstücksjägern. Der echte fremde Besucher – wie ich – bemerkt noch ein anderes Problem.

Ihm fällt ein weiterer Typ der Fremdeninvasion auf: die sogenannten Gastarbeiter, die riesige Anzahl von Jugoslawen und Italienern, und als Zugabe einen Schuß Spanier, Portugiesen und Türken. Diese Leute arbeiten als Kellner, Küchengehilfen, Bauarbeiter, Straßenkehrer und Müllfahrer usw. Ich habe das starke Gefühl, daß diese Entwicklung etwas sehr Ungesundes hat. Die Deutschen (wie übrigens auch die Schweizer, Holländer und Engländer) neigen dazu, sich als Rasse für höhere Wesen und für zu gut für gewisse niedrige Arbeiten zu halten, die man geringeren Rassen überlassen sollte. Ich werde später auf die kulinarische Bedeutung dieser Invasion zu sprechen kommen; im Augenblick möchte ich nur darauf hinweisen, daß diese Fremdarbeiter in Bayern weit weniger Ablehnung erfahren als deutsche Landsleute. Die Gastarbeiter haben natürlich auch ihre Schwierigkeiten, und nicht jeder ist immer freundlich zu ihnen; aber im großen und ganzen werden sie gebraucht, und daher auch akzeptiert. Viele Bayern werden einem sagen: »Die ziehen einmal fort. Die Norddeutschen bleiben.« Fremde zu lieben, ist leicht. Weit schwieriger ist es, seinen Nächsten zu lieben.

Schwabing ist das Künstler- und Studentenviertel Münchens und hat mit seinen vielen internationalen Gaststätten auch ein bißchen von Soho dazu. Dort verbergen sich elegante oder auch weniger elegante Ateliers; und das ist die Gegend, wo Geschäftsleute aus Düsseldorf oder Essen ihre Freundinnen in schicke kleine Wohnungen installieren, um sie übers Wochenende zur Verfügung zu haben.
Bayerische Nationalisten mögen Schwabing zwar nicht, sind aber gleichzeitig stolz darauf. Es hat einen großen Charme und ist ruhiger und weniger gewalttätig als ähnliche Viertel in New York, Tokio oder selbst London. Junge Leute gehen (zumindest im Sommer) barfuß herum und stehen für Pizza oder Schaschlik Schlange. Junge Männer tragen langes Haar, junge Mädchen kurzes Haar. Beide – Männer und Frauen – tragen Ketten, Turbane und gelegentlich ein Haustier, wie etwa eine Katze oder ein bis zwei ausgefallene Vögel auf der Schulter oder dem Kopf. Sie sind nicht gewalttätig, nicht einmal geltungssüchtig, unflätig oder grob. An einer Straßenecke sah ich nachts eine Studentin die Morgenausgabe einer Zeitung verkaufen. Sie war sehr elegant gekleidet, trug aber keine Schuhe. Auch war sie wunderschön – die attraktivste Zeitungsverkäuferin, die ich je sah. Niemand kaufte eine Zeitung, aber

mehrere junge Männer versuchten mit ihr anzubandeln. Sie lächelte die Nichtkäufer und die Anbandler mit der gleichen Freundlichkeit an und fuhr fort, ihre Zeitungen so vertrauensvoll anzubieten, als wäre das Verkaufen der »Süddeutschen Zeitung« halb ein Uhr nachts in den Straßen Schwabings der reizendste Zeitvertreib, den man sich erträumen könnte.

Ich kam an einer Bierstube vorbei, die einhundertelf verschiedene Biersorten anbot. Finnisches, türkisches und vietnamesisches Bier wurden besonders empfohlen. Eine kleine Gruppe kam aus dem Lokal herausgeschwankt und machte den Eindruck, als hätte sie sämtliche einhundertelf Sorten gekostet. Oder war es nur eine Halbe türkisches Bier, die das geschafft hatte? Ich ging auf ein paar Minuten hinein und stellte fest, daß die meisten der Gäste Löwenbräu tranken, eines der gewöhnlichsten einheimischen Biere, das man in jedem Café oder Bahnrestaurant bekommt.

Ich wanderte weiter. Ein junger Student trennte sich von seiner Gruppe von etwa vierzig anderen und fragte mich, ob ich achtzig Pfennig für seine Trambahnfahrt erübrigen könnte. Ich erwiderte, daß ich eine Mark erübrigen könne. Er nahm sie und ging davon. Er war weder arrogant noch dankbar; er zeigte sich weder von meiner Großmut gerührt noch tat er, als habe er ein Recht auf mein Geld gehabt. Er brauchte ein paar Pfennige, und ich besaß sie – also half ich ihm aus. Ich bin sicher, daß er mir in der gleichen Situation ebenfalls ausgeholfen hätte. Vielleicht tut er es eines Tages noch. Entweder bezahlte er mit meiner Mark sein Trambahnbillett oder er kaufte sich eine weitere Halbe finnisches Bier. Ich gab sie ihm gern, was immer er damit tat. Es war eine natürliche und menschliche Begegnung zwischen Menschen, die verschiedenen Städten, Nationen, Generationen angehörten, aber – wieviel manchmal schwer zu glauben – derselben Gattung.

Es gibt einen landläufigen Witz über die deutsche Einstellung zu Juden, den ich mehrfach gehört habe. Zwei Autos haben in den Straßen von München einen Zusammenstoß. Einer der Fahrer steigt aus und fragt den anderen äußerst höflich: »Entschuldigen Sie, aber sind Sie zufällig Jude?«

»Jude?« erwidert der andere erstaunt. »Nein, ich bin kein Jude.« Die Augen des ersten blitzen: »Was fällt Ihnen dann, verdammt noch mal, ein, wie ein blöder Idiot zu fahren?«

Jawohl, einige hegen noch immer Schuldgefühle, nicht nur Deutsche, sondern auch Juden. Ein prominenter, angesehener Jude sagte mir: »Wir alle haben ein Schuldgefühl. Alle Juden, die in Deutschland leben, wissen, daß sie nicht hier leben dürften. Aber es zieht uns her ... Was ist der Grund? Die Möglichkeit des Wohllebens; die Sprache, die unsere Muttersprache ist. Und auch die Liebe zu Deutschland. Deutschland besteht ja nicht ausschließlich in der Nazi-Vergangenheit. Oder ist dies Vernunftdenken? Wir sollten nicht hier sein, aber wir sind es.«

Zu dem Thema der Juden im Nachkriegsdeutschland ist sehr viel geschrieben worden, so daß ich hier nur ein paar Worte darüber sagen will.

Es gibt keinen merklichen (und ganz bestimmt keinen offiziellen) Antisemitismus in Deutschland. Dafür aber ein neues Phänomen, den *Anti-Philosemitismus*, der etwas ganz anderes ist. Unmittelbar nach dem Krieg war die junge Generation bestürzt und beschwert durch die Verbrechen ihrer Väter und empfand Schuldgefühle gegenüber den Juden; sie wollten das wiedergutmachen. Das waren die Menschen, die nach Israel gingen und in den *Kibuzim,* den Gemeinde-Siedlungen arbeiteten. Aber die dritte Generation – nach dem Krieg geboren – fühlt sich nicht mehr schuldig, und warum sollte sie auch? Sie findet, daß sie die Israelis genau so beurteilen darf, wie man andere Leute beurteilt: nach Verdienst. Außerdem ist Axel Springer der Führer der Pro-Zionisten, und eine Reaktion gegen ihn mußte zwangsläufig zu einer Reaktion gegen seine politische Einstellung führen. Da Deutsche keine Anti-Zionisten werden können, wurden sie Anti-Philosemiten: mit anderen Worten, sie wenden sich nicht gegen die Juden, sondern gegen *die deutschen Philosemiten.* Jedoch besteht auf allen Ebenen noch immer eine betonte Pro-Israeli-Einstellung.

Teilweise ist sie echt. Ja, ich glaube, daß ein bayerischer Nationalist – ein Mann, der unbedingt gegen Hitlers Greuel war, aber stets ein altmodischer Antisemit bleiben wird – recht hatte, als er sagte, Deutschland sei der einzige wahre Freund, den Israel heute auf der Welt habe. Ich bin sicher, daß er nicht die Amerikaner vergaß, sondern wahrscheinlich glaubte, daß viele Amerikaner Juden seien; andere brauchten die jüdischen Wahlstimmen; und andere müßten im Nahen Osten der Sowjetunion entgegentreten. Aber das heutige Deutschland ist ein echter – wenn auch lange nicht so mächtiger – Freund. Es gibt jedoch eine große Anzahl von Deutschen, die aus dem falschen Grund für Israel sind. Viele Deutsche können nicht umhin, den israelitischen Militarismus zu bewundern; sie sind indirekt stolz darauf. Er ist heutzutage die Leistung »unserer Juden«. Der Überfall auf den Flughafen von Beirut, die Beseitigung einer ersten ägyptischen Radar-Station, die Besetzung einer ägyptischen Insel im Suez-Kanal, die allgemeine kriegerische Haltung Israels und sogar die Entführung Eichmanns beeindruckten sie tief. Manche von ihnen sind vielleicht nicht judenfreundlich, aber sie lieben den Erfolg.

Der Freistaat Bayern

Auf Wanderungen in Österreich – in Tirol oder dem Vorarlberg – kommt man eventuell an die deutsche Grenze. An dieser verkündet ein Schild: FREISTAAT BAYERN.

Das ist verwirrend. Ist denn das nicht die Grenze der deutschen Bundesrepublik? Bayern ist kein Staat; und ganz bestimmt kein freier Staat. Es mag ein Staat sein, so wie Utah und Nebraska Staaten in dem herkömmlichen, zwar offiziellen aber weiten Sinne des Wortes sind. Bayern ist ein *Land*, ein Bestandteil der Bundesrepublik, mit eigenem Parlament und eigener Regierung – dem ein Ministerpräsident vorsteht –, aber kein unabhängiger, souveräner Staat mit eigenen, internationalen Grenzen.

Sind jene Schilder Überbleibsel eines vergangenen Zeitalters? Schilder, die man zu entfernen vergaß? Oder Wegweiser in die Zukunft?

Bayern ist nicht eigentlich das Yorkshire Deutschlands, sondern sein Schottland: ein Land mit eigenem Profil, eigener Bevölkerung, Geschichte und Grenzen, aber ohne Souveränität. Separatisten-Bewegungen sind nicht nur bedeutungslos, sondern auch ihrer selbst nicht sehr sicher. Es gibt kein Gewitter; es gibt keinen Donnerhall, aber es grollt und rumort. Von allen nationalistischen Bewegungen der Welt ist die bayerische am mildesten und unentschlossensten, aber sie existiert. Kein Schrei nach Anerkennung der bayerischen Sprache erklingt, weil es gar keine bayerische Sprache gibt – wenngleich einen ausgesprochenen und unverkennbaren bayerischen Dialekt. Kein westlicher Politiker ist jemals von bayerischen Patrioten entführt worden; keine Lufthansa-Maschine auf dem Flug in die Rheinpfalz wurde jemals zum Abdrehen nach München gezwungen; und keine einzige Bombe ist jemals für die Sache eines Freien Bayern gezündet worden. Sogar die französischsprachigen schweizerischen Separatisten von Bern – die sich lossagen und einen eigenen Kanton namens Jura in der Schweizer

Bundesrepublik bilden wollen – schafften es, ein paar Bomben zu legen; Taten, auf die sogar einige deutschsprachige Berner unmäßig stolz sind. Die Bayern haben nichts dergleichen getan. Als in den fünfziger Jahren für die neue deutsche Bundesverfassung abgestimmt wurde, waren die Bayern zuerst dagegen und die Bayern-Partei warb öffentlich für die Errichtung eines autonomen Bayerns. Aber die Vernunft siegte. Bayern erkannte die Verfassung an, wurde Teil der Bundesrepublik, und die Bayern-Partei verkümmerte. Aber Gespräche und Diskussionen unter bayerischen Intellektuellen gehen weiter, und ständig erscheinen Artikel und Bücher, die sich für ein autonomes oder unabhängiges Bayern einsetzen. Die Idee eines Freistaats ist keineswegs tot. München – eine Weltstadt – ist am Geldverdienen interessiert und hört nicht einmal dieses Geflüster; aber die alten bayerischen Familien der Hauptstadt und sogar mehr Leute auf dem Land stellen immer wieder Fragen und nehmen wachsenden Anstoß an dem, was sie als eine fremde Invasion erachten: die Invasion durch andere Deutsche.

Bayerische Unabhängigkeit mag ein wirklichkeitsfremder Traum sein, jedoch beruht er nicht auf Chauvinismus. Zwar spielen dabei Wirtschaftsfragen mit, und einige Leute finden, daß Bonn die Interessen Bayerns nicht angemessen vertritt. Aber das Wesen dieses Nationalismus ist nicht aggressiv, sondern rein kulturell. Die Bayern sind eine Nation auf der Suche nach ihrer Identität, die langsam zerfällt. Sie wollen niemanden erobern, aber sie wehren sich dagegen, selber erobert, aufgeschluckt und ausgelöscht zu werden. Es kommen so viele Ausländer (Norddeutsche) ins Land, daß sein bayerischer Charakter ausgemerzt wird, sie sagen, daß dieser Charakter durch seine kulturellen und historischen Wurzeln besonders farbenfreudig sei; er mag für die Menschheit nicht wichtig sein, aber *ihnen* ist er wichtig, und wenn die Franzosen Franzosen und die Ghanaer Ghanaer sein dürfen, warum dürfen denn dann sie nicht Bayern bleiben?

Was aber ist Bayern, und wer ist ein Bayer?

Es war die Zweite Proklamation des Allied Military Government vom 19. September 1945, welche die Grenzen des heutigen Bayerns festsetzte – das damals Amerikanische Zone war. Das neue Bayern entsprach mit geringfügigen Änderungen dem Bayern von vor 1933. (Hitler, der das Reich zentralisieren wollte, schaffte in einem seiner ersten Erlasse die Rechte der einzelnen Staaten praktisch ab.) Mit einem Gebiet von etwa 40 000 Quadratkilometern ist Bayern das größte der deutschen Länder, aber seine Bevölkerung von über zehn Millionen kommt erst knapp an zweiter Stelle hinter Nordrhein-Westfalen. Das Land wird von zwei großen Flüssen durchzogen (Main und Donau), hat zahlreiche schöne Seen und herrliche Wälder, und sein höchster Berg ist fast 3000 m hoch.

Die Definition eines Bayern ist weitaus schwieriger. Inwiefern unterscheiden sich Bayern von anderen Deutschen?

Die Bayern behaupten, sie seien weniger militaristisch und toleranter als andere Deutsche. Wer noch weiß, daß Hitlers erste Erfolge in Bayern stattfanden und sich an die Vorliebe des Führers für das Hofbräuhaus und Berchtesgaden erinnert, mag das einigermaßen bezweifeln. Aber die Bayern bestehen darauf, daß ihr Leitprinzip »leben und leben lassen« heißt. Allerdings habe ich ein äußerst überzeugendes Beispiel dieser bayerischen Toleranz erzählt bekommen. Studenten demonstrierten gegen den Vietnam-Krieg. Einige Beobachter bemerkten, daß eine Anzahl der Demonstranten etwas älter als die übrigen waren und bei näherem Hinsehen entdeckten sie erstaunlicherweise, daß diese Herren, die mit der Menge marschierten und »Ho, Ho, Ho Chi Minh!« brüllten, ordentliche Mitglieder der Münchener Polizei waren, die für diese Gelegenheit Zivil trugen. Als man den Polizeipräsidenten fragte, ob er seinen Leuten gestatte, in ihrer Freizeit für Ho Chi Minh zu demonstrieren, erwiderte er: »Nein. Sie haben von mir den Befehl, wenn sie im Dienst sind, bei Demonstrationen mitzumarschieren. Auf diese Weise kann ich die Demonstration mit zwei Dutzend Männern unter Kontrolle halten. Andernfalls würde ich dazu fünfhundert Leute mit Tränengas brauchen.«

Die Bayern erklären, daß sie den Militarismus ablehnen, und tatsächlich hat der Hegelsche Staatsbegriff, die Anbetung der »Pflicht«, in ihrem unbeschwerteren Land niemals Wurzeln geschlagen. Sie behaupten sogar, daß ihr Barock heiterer und weniger pompös sei als das österreichische. Sie sind Katholiken, während die Norddeutschen Protestanten sind, und wichtige religiöse Bindungen bilden einen engen Zusammenhang mit den Österreichern und den deutschsprachigen Schweizern.

Ihr Katholizismus enthält sehr viel Aberglauben und eine Fülle magischer und mystischer Elemente, Verehrung der Toten, Achtung für die Fruchtbarkeit. Jede Gesellschaft paßt ihre Religion ihren eigenen Bedürfnissen und ihrem Temperament an. Das Christentum anderer Länder enthält andere Elemente heidnischen

Aberglaubens. Oder man denke an den Buddhismus: in Siam ist er ein sanfter und anziehender Glaube, in Tibet dagegen streng, kompromißlos und einschüchternd.

Bayern ist im wesentlichen eine unkomplizierte Gesellschaft von Bergbauern, mit einem fast unvorstellbaren Mißtrauen gegen Städte und Techniker. Sie sind keine Intellektuellen, und sie sind stolz darauf. Warum sie darauf stolz sein sollten, begreife ich nicht, aber sie *sind* es. Andere Deutsche mögen sie im Grunde nicht, aber das stört sie nicht – zumindest behaupten sie es. Manche finden sie *gemütlich* (sorglos, humorvoll, leichtlebig): Leute, die sich mit Lederhosen verkleiden, ihre dicken, roten Knie zeigen, fleischige, runde Gesichter haben, gitarrenähnliche Instrumente spielen, Volkslieder singen und die Unterhalter von Deutschland sind. Sie akzeptieren das Bild mit Vergnügen oder Trotz: jawohl, Bayern ist noch immer das einzige *Land* Deutschlands, wo noch Volkslieder verbreitet sind, in Rundfunk und Fernsehen von großen Chören und speziellen Folkloreverbänden gesungen werden. Auch betonen sie, daß, während jährlich etwa 30 000 Norddeutsche nach Bayern ziehen, Bayern nicht auswandern. Sie lieben ihr Land und bleiben ihm treu.

Natürlich gibt es in Hamburg und anderen Teilen Deutschlands bayerische Gaststätten – wo mit viel Getöse bayerische Musik verzapft wird –, aber ein paar Restaurants und Kellner machen noch keine »Emigration«; sie sind ebenso bedeutungslos wie der Export von Zigeunermusik aus Ungarn oder andalusischen Tänzern aus Spanien. Und Bayern ist das Ferienparadies, der Spielplatz Deutschlands; es ist sehr schön, und das einzige, was ihm fehlt, ist das Meer.

Das herkömmliche Bild weist jedoch gewisse Flecken auf. Die Bayern trinken gern Bier, während viele andere Deutsche lieber Wein trinken. Aber der Unterschied zwischen biertrinkenden Deutschen und weintrinkenden Deutschen besteht lediglich darin, daß die Biertrinker enorm viel Bier trinken und sonst gar nichts, die Weintrinker jedoch ebenfalls viel Bier trinken, aber außerdem eine Menge Wein.

Bayern ist das Land der Würste. Nun bin allerdings auch ich ein großer Verehrer der Wurst und ein großer Kenner; ich halte es für ein besonders trauriges Verfallszeichen unseres Zeitalters, daß die Wurst allmählich ins Hintertreffen gerät. Übrigens waren es *nicht* die Bayern, welche die Wurst erfanden, sondern das größte aller Völker, die Römer; und die berühmteste deutsche Wurst heißt Frankfurter und nicht Münchener. Die Weißwurst – der Stolz von Bayern – ist meiner Meinung nach scheußlich, aber das ist eine Frage des Geschmacks. Fest steht, daß die bayerische Küche die beste im Lande ist. Nicht so gut wie die österreichische, aber besser als irgendwo anders in Deutschland. Dennoch wird – zum Ärger und Leidwesen bayerischer Patrioten – auch die gute bayerische Küche allmählich verdrängt. Jugoslawische Gastarbeiter haben mit Erfolg und in großer Anzahl München überschwemmt, und es entstehen fortwährend neue jugoslawische Lokale. Ganz Deutschland ist voll von »Balkan-Grills« – und Shishkebab wird in Deutschland langsam zum Nationalgericht und schlägt Sauerkraut um Längen. München ist davon am meisten betroffen. Werner Rukwid, ein Münchner Kolumnist, klagt in einem der alten Zeit nachtrauernden Artikel, daß es heute schwer sei, in München guten Leberkäse oder Weißwürste zu bekommen, jedoch ohne weiteres Cevapcici, Rasnici, Djuvec, Sama und andere serbische Spezialitäten. Ja, man könne sich gar nicht davor retten. In München – fährt Herr Rukwid fort – kann man kulinarische Ausflüge nach Opatija, Split und andere Balkanorte machen. Selbst in rein bayerischen Lokalen heißt die Kellnerin nicht mehr »Zenzi« sondern »Jowanka«, und der »Herr Ober« – früher einmal eine ebenso populäre Volksfigur wie einst der Bankangestellte mit Zylinderhut in England – spricht gebrochen Deutsch und verbringt seine Ferien auf Istrien. Zum Leidwesen des Schreibers machen sich auf Münchener Speisekarten sogar afghanische Gerichte breit, und er sagte mir mit einem tiefen Seufzer, daß er manchmal, wenn ihm nach Sauerkraut zumute ist, statt dessen »Kybher-Paß« bestellen muß. Es gibt andere, fast ebenso ernst zu nehmende Flecken auf dem Bild. Früher war die Ruhr das Industriegebiet Deutschlands und Bayern das der Landwirtschaft. Aber mit dem Schwinden der Kohle hat die Ruhr ihr Monopol verloren und mit der wachsenden Bedeutung der Wasserkraft für Elektrizität wird Bayern immer mehr industrialisiert.

Der Tourismus ist ebenfalls eine Industrie, und darin ist Bayern ohne weiteres führend. Aber diejenige Schicht der Bevölkerung, die sich Gedanken macht, sieht die bayerische Lebensart in Verfall geraten. Die österreichische Kultur existiert, meinen sie, aber die bayerische sei nicht halb so gesichert. Sie bestehen absolut ... worauf? Ganz genau wissen sie es selber nicht. Ich sprach darüber mit einem der führenden bayerischen Nationalisten. Bayern will »frei« sein – sagte er. Wir sprachen Deutsch, und ich fragte ihn, in welchem Sinn Bayern denn nicht frei sei und mit welchem Recht es denn noch freier sein wolle? Er führte einige Gründe dafür an und sagte weiter: »Und weil seine Bevölkerung einen eigenen *Kultur-Raum* für sich in Anspruch nimmt.«

»Mit *Lebensraum* hat das nichts zu tun?«

»Ganz und gar nicht, in keiner Weise.«

»Aber selbst dann«, sagte ich, »scheint mir das Argument nicht stichhaltig. *Alle* Nationen, Nationalitäten und Stämme beanspruchen schließlich einen gewissen Raum.«

Er überlegte und erwiderte dann: »Auf Englisch haben Sie recht. Englisch ist eine entsetzlich logische Sprache. Aber auf Deutsch habe *ich* recht. Und dieser Kampf wird auf Deutsch ausgefochten.«

»Lang lebe die französisch-bayerische Freundschaft!«

Es gab zwei entscheidende Ereignisse in der bayerischen Geschichte, die jeder, nach seinem eigenen Standpunkt, betonen, erörtern und interpretieren wird: das erste ist Bayerns Allianz mit Napoleon, das zweite Bayerns Eintritt in Bismarcks neues Deutsches Reich.

Die ersten Spuren menschlicher Lebewesen in Bayern gehen bis in das Zeitalter der Dinosauren zurück – aber von diesen ersten Bayern wissen wir wenig. Die Römer kamen nach Bayern, dann verschwanden sie. Der eigentliche Anfang bayerischer Geschichte beginnt, laut Hubensteiner (Benno Hubensteiner, Bayerische Geschichte, Pflaum Verlag) im sechsten Jahrhundert. Die Bayern, von vergangenem Glanz sprechend, betonen häufig, daß Tirol zu verschiedenen Zeiten unter ihrer Herrschaft gestanden habe. Manche gehen soweit, voller Stolz, aber mit wenig Berechnung zu erklären: »Ohne Bayern gäbe es kein Tirol.« Oder sogar: »Ohne Bayern gäbe es kein Österreich.« Tirol wurde erstmalig im siebenten Jahrhundert von den Bayern besetzt. Es ist hier nicht der Ort, auf Einzelheiten einzugehen über Arnulf, Bischof Wolfgang, Otto von Freiburg, Walther von der Vogelweide und die vielen Kriege – Religions- und andere Kriege, die mit wechselndem Glück gefochten wurden. Der erste Wittelsbacher wurde im Jahr 1180 Fürst von Bayern, und Kurfürst Max Joseph I. im Jahr 1799 König von Bayern. Die Geschichten über die Ludwige, Maximiliane, den Prinzregenten und die Gründung des Witzblattes *Simplizissimus 1896* (die oft unter großen historischen Ereignissen erwähnt werden) bilden eine interessante, oft aufregende und ebenso häufig romantische Lektüre, aber sie fallen nicht in den Bereich dieses Buches.

Während der napoleonischen Kriege hatte Bayern – das sich sowohl durch Preußen wie durch Österreich bedroht fühlte – starke Sympathien für Frankreich, mußte aber zu Österreich halten und dessen anfängliche Niederlagen teilen. Im August 1801 jedoch schloß Bayern mit Frankreich einen Sondervertrag, und die Franzosen versprachen ihm Kompensationen und Reparationen auf Kosten Österreichs. Zwei Jahre später (1803) bekam Bayern Würzburg, Bamberg, Augsburg, Freising und einige Gebiete von Passau. Bayern kämpfte 1805 bei Austerlitz auf der Seite Napoleons und gewann weitere Gebiete, dazu (abermals) die österreichischen Provinzen Vorarlberg und Tirol.

Jene Jahre brachten auch wichtige interne Veränderungen mit sich. Ja, sie begründeten den bayerischen Anspruch auf Liberalismus und Toleranz. Unter französischem Druck entstanden die Gleichheit vor dem Gesetz, allgemeine Besteuerung, Abschaffung der Leibeigenschaft und gewisse konstitutionelle Sicherheitsklauseln. 1809 kämpfte Bayern abermals auf seiten der Franzosen gegen Österreich, aber 1813 – kurz vor der Schlacht bei Leipzig – drehte es sich rechtzeitig, unterzeichnete den Vertrag von Ried, wandte sich gegen Napoleon und kam verhältnismäßig gut aus der Sache heraus. Es mußte zwar einige Gebiete hergeben, durfte aber andere behalten und gewann sogar einige neue hinzu.

Das waren schöne Zeiten. Ein paar Jahre lang war Bayern eine bedeutendere Macht als Preußen oder Österreich; gewiß, es war ein Satellit der Franzosen – aber wenigstens keiner von Preußen oder Österreich, was vielen bayerischen Patrioten als eine große Verbesserung erschien. Bayern hatte sich militärisch ausgezeichnet, näherte sich aber mit großen Sprüngen der westlichen Zivilisation. Napoleon starb zwar im Exil, hat aber – in gewissem Sinn – die europäische Bühne nie wirklich verlassen und lebt in vielen Traditionen, Institutionen, Gedanken, Ideen und Leidenschaften in vielen französischen wie auch bayerischen Herzen fort. Bayern ist eins der östlichen Länder Deutschlands, das ein natürliches Interesse und Verständnis für die Slawen und osteuropäischen Fragen hat; zugleich aber starke und herzliche Sympathien für das entlegene, westliche Frankreich. Die Nachfolger Napoleons erinnern sich dieser Sympathien und erwidern sie auf merkwürdige Weise. Als de Gaulle Montreal besuchte und ausrief: »Es lebe das Freie

Quebec!« schuf er einen weltweiten Skandal, der selbst nach seinem Tod noch immer widerhallt. Ein paar Jahre früher – im September 1962 – besuchte er München und rief mit ausgestreckten Armen: »Es lebe die bayerisch-französische Freundschaft!« Seine bayerischen Zuhörer reagierten laut und gefühlvoll. Sie begriffen. Die mithörende Welt jedoch hatte entweder nicht begriffen oder es war ihr – schlimmer noch – ganz egal.

Nach Napoleon blieb Bayern – sechs Jahrzehnte lang – ein Königreich von Pracht und Ansehen, ein echter Rivale Österreichs. Als es Griechenland gelang, die Türken zu vertreiben und 1832 seine Unabhängigkeit gewann, war es Otto, der zweite Sohn Ludwigs I., dem man den Thron des neuen Griechenlands anbot. Der Name Otto ist mir immer als der germanischste aller germanischen Namen, mit einem leicht komischen Beiklang vorgekommen, und das fanden die befreiten Griechen anscheinend auch. Otto war einfach zu viel für sie, also änderten sie den Namen des neuen Monarchen in Otho ab. (Graecisten – klassische wie moderne – bitte ich davon abzusehen, mir Briefe über die Bedeutung des Buchstabens *theta* zu schreiben. Ich kenne sie. Fest steht, daß Otto in *Otho* verwandelt wurde.) Der neue König traf mit großem Gefolge in Griechenland ein. Die überwältigende Mehrheit derjenigen, die ihn begleiteten, blieben im Land, und heute, nach fast anderthalb Jahrhunderten, sind ihre Abkömmlinge so griechisch wie der Premierminister Papadopoulos selbst. Die meisten von ihnen sprechen kein Wort Deutsch, aber in der Regel haben sie ihre deutschen Namen beibehalten und gelten noch immer als die »Bayern«. Otho selbst war kein großer Erfolg. Ja, einunddreißig Jahre nach seiner Ankunft wurde er vertrieben, zog sich nach Bamberg zurück und hieß wieder Otto.

Das andere traumatische Ereignis der bayerischen Geschichte ist Bismarcks Krieg gegen die Franzosen, auf den die Gründung des Deutschen Reichs folgte. Die Bayern hatten allen Grund, 1870–71 neutral zu bleiben. Sie wußten, daß die bayerische Unabhängigkeit weit mehr in diesem Krieg bedroht war als die französische. Außerdem sollte sich ihre traditionelle Freundschaft für Napoleon Bonaparte natürlicherweise auf seinen Neffen ausdehnen. Aber die Hauptüberlegungen Ludwigs II. (wie fast aller Könige – und übrigens auch aller Präsidenten, Premierminister und Parteiführer) betrafen nicht das *Salus Rei Publicae*, das Wohl des Staats, sondern seine eigene Macht. Es war kaum zu bezweifeln, daß der neue Kaiser von Deutschland durchaus König von Preußen bleiben werde. Ludwig hatte zwar gewichtige Gründe dafür, in den Krieg nicht einzutreten und sich später nicht dem Reich anzuschließen. Aber sich herauszuhalten, hätte ihn vielleicht den Thron gekostet; und König von Bayern mit beschränkter Macht zu bleiben, war unvergleichlich besser, als vertrieben zu werden. Also – Liebe zu Napoleon hin oder her – marschierte eine bayerische Armee gegen Frankreich, und noch dazu unter dem Oberbefehl des preußischen Kronprinzen (An diesen Vorfall dachte de Gaulle kaum, als er ausrief: »Es lebe die bayerisch-französische Freundschaft!«.)

Innerhalb des neuen Reichs stand Bayern an Macht nur Preußen nach und erlangte gewisse Konzessionen, die andere Staaten nicht einmal zu fordern gewagt hätten. Es behielt einen eigenen diplomatischen Dienst (sogar in Berlin gab es einen bayerischen Gesandten), sowie eigenes Militär, Post-, Telegraphen- und Eisenbahnwesen. Dennoch bedeutete jene Szene in Versailles – die Proklamierung der Deutschen Einheit – das eigentliche Ende bayerischer Glorie; Bayern bestand zwar weiter, zählte jedoch nicht mehr. Ludwig – wie ich bereits erwähnte – gilt bei vielen Bayern als Verräter. Sie sagen, er habe sie an die Preußen verkauft und sich zu ihrem Untertan gemacht, um seinen Thron zu retten. Das mag seine Absicht gewesen sein; aber was immer seine Gedanken und Ängste gewesen sein mögen, hatte er sich nur realistisch in das Unvermeidliche gefügt.

Ludwigs »Wahl« war mehr scheinbar als echt. Die Geschichte pochte an Bayerns Pforten, und es mußte die Oberherrschaft Preußens anerkennen. Jedoch behaupten bayerische Historiker, daß »der Sieg der vereinten deutschen Streitkräfte im Jahr 1871 auch die katastrophalen Niederlagen von 1918 und 1945 unteilbar gemacht haben«. (Bernhard Ücker, »Bayerische Geschichte«.) (Unteilbar bedeutet natürlich: er verwickelte Bayern in die privaten Belange Preußens.) Ludwig regierte mit der beschriebenen Machtvollkommenheit noch weitere fünfzehn Jahre. 1886 wurde er wahnsinnig, am 7. Juni wurde Luitpold Prinzregent und sechs Tage später beging Ludwig II. Selbstmord. Solange er König blieb, überlebte er alle Minderungen des bayerischen Prestiges; den Verlust seines Throns überlebte er nicht. Was vielleicht beweist, daß er nicht so wahnsinnig war, wie man glaubte.

Wie kommt es, daß die Welt die nationalen Bestrebungen kleiner afrikanischer oder asiatischer Stämme oder jeder winzigen Mittelmeerinsel ernst nimmt, aber leise lächelt – oder laut lacht – wenn die nationalen Bestrebungen der Bayern erwähnt werden? Sicherlich hat doch *jede* Nation das Recht, sich ihre Eigenheit zu bewahren, sich von anderen zu unterscheiden und etwas Farbe in eine einförmig graue Welt zu bringen.

Herr Ücker weist darauf hin, daß es in Europa eine ganze Reihe von Ländern gibt, die viel kleiner oder kaum größer als Bayern sind. Belgien und Holland sind nicht einmal halb so groß wie Bayern, Dänemark und die Schweiz um etwas mehr als halb so groß. Das (unabhängige) Irland ist etwa ebenso groß und Österreich und Ungarn sind nicht viel größer. Das ist die Lage in Europa. Wenn wir die ganze Welt nehmen, gibt es einhundertneununddreißig souveräne Staaten, von denen neunundneunzig (71%) kleiner als Bayern sind.

Einige Patrioten berufen sich gern auf die großen Bayern der Vergangenheit, aber damit kommen sie nicht sehr weit. Der Komponist Richard Strauss ist der einzige große Name, den sie zu bieten haben. Der Name Baader wird häufig mit Ehrfurcht genannt, aber Franz Xaver von Baader war wohl kaum eine besonders wichtige Figur. In der ersten Hälfte des 19. Jahrhunderts war er Professor für Philosophie in München, ein katholischer Mystiker, der viel von der erlösenden Liebe Gottes sprach. Er war Schüler von Jacob Boehme – protestantischer Mystiker des 16. Jahrhunderts und seinerseits Schüler von Paracelsus. In Bertrand Russels »Geschichten der Westlichen Philosophie« wird Baader nicht einmal erwähnt. Auch Boehme nicht. Dann folgt eine große Lücke, und der nächste große Bayer scheint Gabelsberger zu sein, der Erfinder der Stenographie. Nun war das gewiß eine sehr nützliche Neuerung, wofür Herr Gabelsberger alles Lob verdient. Aber das ist die Art von Erfindung, die sehr bald ein anderer gemacht hätte, wenn sie Gabelsberger nicht eingefallen wäre. Ich rühme mich ungern, aber höchstwahrscheinlich hätte ich selber die Stenographie erfunden, wenn mir der große Bayer nicht zuvorgekommen wäre. Und nun folgt abermals eine große Lücke, bis wir zu Herrn Franz Joseph Strauß kommen, dem Führer der Christlich Sozialen Union und größten lebenden Bayern. Keine sehr imponierende Liste.

Gerechtigkeitshalber sollte ich vielleicht hinzufügen, daß es sehr viele gute bayerische Orchester, Sänger und Solisten der verschiedensten Instrumente gibt, aber ich konnte keinen einzigen in der ganzen Welt berühmten bayerischen Schriftsteller feststellen. Ein Mann namens Fraunhofer erfand einige Verbesserungen auf dem Gebiet der Optik, und Karl Steinheil konstruierte die erste elektrische Uhr. Auch die Weißwurst wurde von Bayern erfunden, und das erste *Oktoberfest* (das große Bierfest im *September,* wo das ganze Land sich betrinkt und total verrückt wird) fand 1810 statt.

Zwei Dinge sollten allerdings noch gesagt werden. Erstens hat die Zahl berühmter Männer, die eine Nation hervorbringt, wenig mit ihrem wahren Wert zu tun; und noch weniger mit ihrem Recht auf Unabhängigkeit. Warum sollte man sich fortwährend rechtfertigen und mit ihren Leistungen prahlen, die sie für die Kultur der Welt beigetragen haben? Das Recht auf Mittelmäßigkeit gehört zu den fundamentalen Menschenrechten. Die Bayern werden von den Einwohnern anderer Länder als Bergbauern bezeichnet. Sie akzeptieren diese Bezeichnung: »Jawohl, das sind wir und das wollen wir auch bleiben.« Zweitens hat Bayern sich den Ruf erworben, echten Geistesgrößen Zuflucht und Heimat geboten zu haben, die in ihrem eigenen Land verfolgt wurden oder es einfach vorzogen, woanders zu arbeiten. Röntgen, Dürer und Wagner sind nur drei der Namen, die mir einfallen.

Wie unabhängig möchte Bayern sein? Der Grad wechselt, sogar unter bayerischen Nationalisten. Manche sagen lediglich wehmütig: »München ist die beliebteste Stadt in Deutschland. Das ist unsere Tragödie.« Was natürlich heißt, daß die Annehmlichkeiten Münchens zu viele Norddeutsche anziehen und es besser wäre, sie blieben zu Hause. Andere sprechen – oder träumen – von einem Alpenbund oder einer unbestimmten, vagen alpinen Gemeinschaft aus Bayern, Österreich und den deutschsprachigen Teilen der Schweiz: alles Bergbewohner und alles Katholiken. Andere wiederum sind verzweifelt. Einer von ihnen sagte mir: »Wir leben in einem Vakuum. Als Nation hat Bayern aufgehört zu existieren. Und noch dazu geht es uns viel zu gut, wir verdienen zuviel Geld, so daß so unwichtige Fragen wie unser Land und unser Fortbestand als Nation uns nicht mehr interessieren.«

Ein anderer Prominenter der Bayern-Bewegung erklärte folgendes: »Das Unglück ist, daß wir keine Fahnenschwenker sind. Zwei Weltkriege, insbesondere der zweite, haben uns gelehrt, Fahnenschwenken, Stechschritt und Phrasendreschen zu verabscheuen. Aber ohne Trommelwirbel kann kein Nationalismus sich durchsetzen. Wir sind Nationalisten, die das bloße Wort *Nationalismus* verabscheuen.«

Was sie beschäftigt, ist die genaue, heutige Bedeutung von *Nationalismus*. Es geht ihnen um einen kulturellen Nationalismus. Sie wollen kein Bayerisches Reich, keine Eroberung von Gebieten der Rheinpfalz oder Baden-Württembergs, aber sie wollen ihren bayerischen Charakter und ihre alte Kultur erhalten, und zu diesem Zweck glauben sie mehr Autonomie zu brauchen, als sie heute haben. Manche sagen, daß politische Grenzen in ganz Europa verschwinden, während kulturelle Grenzen verstärkt werden müßten. Als ich mich nach den eventuellen Gefahren eines bayerischen Nationalismus erkundigte, erklärte einer ihrer führenden Intellektuellen, ein sehr gebildeter Herr: »Bayerischer Nationalismus ist harmlos. Was gefährlich ist, ist der *deutsche* Nationalismus. Ein Groß-Deutschland könnte zu einem neuen Reich führen. Die Loslösung Bayerns würde dem europäischen Frieden dienen.«

Es gibt eine Minderheit – eine kleine, aber hochgebildete und sprachgewandte Minderheit –, die von der Möglichkeit einer Loslösung spricht. »Was für Österreich gut ist, ist auch für Bayern gut.« – »Wenn die Schweiz unabhängig sein darf, warum nicht auch Bayern?« – »Wir haben unser eigenes Staatsbewußtsein, unsere eigene Lebensform; warum dürfen wir sie nicht weiterverfolgen?« – »Bundesstaat? Ja, vielleicht. Aber das ist unsere geringste Forderung. Es müßte ein echter Bundesstaat sein, ganz anders als der heutige.« Oder: »Bundesstaat? Ja. Aber es müßte ein unabhängiges Bayern sein, das bestimmt, ob es sich eingliedern will oder nicht. Und warum sollten wir uns in Deutschland eingliedern? Warum nicht direkt in Europa?«

Während dieser Diskussion erinnerte ich mich daran, wie enttäuscht ich 1952 von der deutschen Einstellung zu der deutschen Wiedervereinigung gewesen war. Fast jeder sprach sich offiziell dafür aus und niemand, außer den achtzehn Millionen in Ostdeutschland, wollte sie. (Heute wollen nicht einmal sie sie.) Keiner sprach sich jemals öffentlich gegen die Wiedervereinigung aus: kein einziger Politiker, keine einzige Zeitung – bis endlich, reichlich spät, Herr Willy Brandt das Eis brach. Viele der bayerischen Nationalisten sind offen gegen eine deutsche Wiedervereinigung. Ich habe bereits den Herrn erwähnt, der auf die Gefahren eines deutschen Nationalismus gegenüber einem bayerischen Nationalismus hinwies. Ein anderer bemerkte: »Keine Wiedervereinigung.

Nein, danke sehr. Eine Zentralisierung wäre die größte Gefahr. Eine Zentralisierung könnte zu einem neuen Reich führen – einer Tragödie für Europa, einer Tragödie für die Welt und einer Tragödie für Deutschland.«

Das war politisch vernünftig. Deshalb war ich überrascht, als ein bekannter Extremist der Bayernpartei sich energisch für die Wiedervereinigung aussprach. Der entschlossenste von ihnen erklärte nachdrücklich: »Deutschland hat ein Recht auf Wiedervereinigung. Es ist unmoralisch, ein Land geteilt zu halten. Ich weiß keinen einzigen stichhaltigen Grund dafür, die Teilung Deutschlands aufrechtzuerhalten.« Er sah mich an. »Sie scheinen erstaunt zu sein?«

»Allerdings«, erwiderte ich. »Wollen Sie damit etwa sagen, daß Sie zuerst die Wiedervereinigung wollen und sich dann ein freies Bayern von einem *wiedervereinigten* Deutschland loslöst?«

Einen Augenblick sah er betroffen aus.

»Verdammt. Sie drücken es nicht gerade freundlich aus. Aber das ist es wohl, was ich möchte.«

Das Land des Lächelns

Das moderne Österreich ist ein unbekanntes Land und ein glückliches Land. Die Bibliotheken Britanniens enthalten Dutzende von Büchern über seinen katastrophalen Zusammenbruch im Jahr 1918; ebenso viele über das österreichische Kaiserreich; und Hunderte über die Habsburger. Aber über Österreich nach dem Zweiten Weltkrieg konnte ich kein einziges in Englisch oder Französisch entdecken. Man weiß vom Skilaufen in Kitzbühel, von den Salzburger Festspielen, und besonders Gebildete mögen vom »Weißen Rößl am Wolfgangsee« gehört haben. Mehr aber auch nicht. Die ganze Welt weiß von Dubcek, der ein paar Monate Parteiführer in der Tschechoslowakei war; man kennt sogar den Namen seines unglücklichen Nachfolgers Husak; man kennt den Namen Kadar, den ungarischen Parteiführer, und Tito natürlich ist einer der wenigen Staatsmänner von Weltformat. Das sind Politiker kleiner Länder, die an Österreich grenzen. Aber was weiß man von österreichischer Politik? Das soll keine Kritik sein, denn ich gebe beschämt meine eigene Unwissenheit zu. Ich, der ich nebenan – ja, als Staatsangehöriger Österreich-Ungarns – geboren wurde, wußte, daß Österreich seit über einem Jahrzehnt von einer Koalition regiert wurde und jetzt eine sozialistische Regierung hat. Aber ich konnte mich nicht an den Namen des Kanzlers erinnern (ein interessanter und hochgescheiter Mann, wie ich nachträglich entdeckte), und als für mich eine Zusammenkunft mit dem Außenminister vereinbart wurde, mußte ich gestehen, daß ich noch nie etwas von ihm gehört hatte.

Ein paar Grundtatsachen: Österreich liegt direkt im Herzen Europas; sein Gebiet umfaßt über 45 000 Quadratkilometer (etwas weniger als Ungarn), und es hat etwa sieben Millionen Einwohner. Es hat mit sieben anderen Ländern gemeinsame Grenzen: fünf westlichen und zwei kommunistischen. Die Donau fließt über dreihundert Kilometer weit durch das Land. Wir alle wissen inzwischen, daß die Donau nicht blau ist, aber wie auch immer ihre Farbe sein mag, ist Österreich mit seinen Bergen, Kurorten und Seen eins der schönsten Länder Europas. Es ähnelt der Schweiz. Weniger entwickelt, weniger kultiviert, sagen die einen; weniger verschandelt, sagen die anderen. Fast 200 000 Ungarn strömten nach 1956 nach

Österreich und Zehntausende von Tschechoslowaken nach der Besetzung ihres Landes durch die Sowjetunion 1968. Die Mehrzahl der Flüchtlinge ist weitergezogen, aber eine beachtliche Anzahl von ihnen hat sich dort niedergelassen. Trotzdem behaupten 99 Prozent der Bevölkerung, daß ihre Muttersprache Deutsch sei, und fast 90 Prozent sind Katholiken.

Österreich hat schon immer den Ruf gehabt, ein glückliches Land zu sein. *Bella gerant alii, tu felix Austria nube,* sagt der alte Hexameter, was heißt, daß andere Länder blutige Kriege führen mußten, um fremde Gebiete zu rauben, während das glückliche Österreich durch geschickte Heiraten der Habsburger dazu kam. Österreichs Glück hielt an. Es ist das einzige Land in der modernen Geschichte, das die Russen freiwillig verließen. Chruschtschow wollte beweisen, daß Rußland eine freundliche und zivilisierte Großmacht sei, zur Ko-Existenz glänzend geeignet. Historisch gesehen, dauerte diese Haltung nur wenige Minuten, aber Österreich profitiert noch immer von dieser flüchtigen Laune.

Ein österreichischer Politiker sagte mir folgendes (wie wir sehen werden, lieben es die Österreicher, ihre Geschichte mit Witzen, Anekdoten, Wortspielen und Parabeln darzustellen): »Kennen Sie den alten Witz? Ein sehr armer, alter Jude geht zum Rabbi und klagt ihm, daß er die Enge zu Hause nicht mehr ertragen könne. Er, seine Frau, sein Vater, sein Schwiegervater, die Schwiegermutter und fünf Kinder leben in einem einzigen kleinen Raum. Was soll er tun? Der Rabbi denkt tief nach und sagt zu ihm: ›Nimm die Ziege ins Zimmer.‹ Der arme Mann will seinen Ohren kaum trauen, aber der Rabbi wiederholt seinen Rat. Also geht er nach Hause und tut, was ihm gesagt wurde. Nach einer Woche kommt er wieder und klagt, daß er das Leben nicht mehr aushalte. ›Stell' die Ziege wieder hinaus‹, schlägt der Rabbi vor. Der Mann rennt nach Hause, stellt die Ziege wieder in den Stall und genießt danach jeden Augenblick in dem herrlichen kleinen Zimmer, in dem nur noch neun Personen hausen.«

»Kapieren Sie?« fragte mein Informant. »Das arme Österreich hatte zwei Ziegen in seinem kleinen Zimmer. Zuerst die NS-Ziege, und dann die russische Ziege. Nachdem beide fort sind, freuen wir uns bewußt und sind selig darüber, daß wir den kleinen Raum jetzt für uns haben. Positiv glücklich aus negativen Gründen. Wir sind das glücklichste Land in Europa.«

Dagegen ließe sich natürlich einiges sagen. Die NS-Ziege wurde – wie die Ziege in der Geschichte – *hereingelassen,* während die russische Ziege unaufgefordert kam. Andere würden einwenden, daß die NS-Ziege ebenfalls ein Eindringling gewesen sei. Es besteht jedoch kein Zweifel, daß, egal auf welche Weise ihre Ziegen eindrangen, die Österreicher äußerst glücklich sind, sie los zu sein. Glücklicher als ihre Nachbarn, die Tschechoslowaken und Ungarn, die noch immer die russische Ziege in ihrem Salon haben; aber auch weit glücklicher als ihre anderen Nachbarn, die Schweizer, die keine Ahnung haben, was es heißt, wenn die Wohnung zum Ziegenstall gemacht wird.

Auf meiner Reise durch Mitteleuropa habe ich Österreich zweimal besucht: einmal auf der Fahrt von England über Deutschland und nachher auf dem Rückweg von Ungarn. Infolgedessen erlebte ich zwei verschiedene Länder: das erstemal ein östliches Land, und später ein westliches Paradies. Wenn man in lauwarmes Wasser getaucht wird, so empfindet man es – normalerweise – als das, was es ist: lauwarmes Wasser. Aber wenn man aus eiskaltem Wasser käme, empfände man es als heiß; wäre man vorher in kochendes Wasser gestoßen worden, empfände man es als eiskalt. Wien machte mir, als ich aus dem Westen anreiste, den Eindruck einer reizenden, hübschen, wohlhabenden, wenn auch kleinen Stadt, mit einer leicht östlichen Färbung und stark mitteleuropäischem Einschlag. Das Benehmen der Menschen war unterwürfig, überhöflich, aber mit einer dicken Schicht schlecht verhehlter Arroganz unter dieser übertriebenen Zuvorkommenheit. Die Geschäfte sind elegant und reichhaltig, aber lange nicht so wie in München. Es gibt herrliche Schuhe oder Pullover, aber unter Umständen fehlt die richtige Größe: man kann sie einem vielleicht in vierzehn Tagen beschaffen; vielleicht auch nicht. Die Buchhandlungen haben eine große Auswahl, aber das bekannte und wichtige Buch, das man sucht, ist vielleicht in der ganzen Stadt ausverkauft. Vielleicht läßt man es in München bestellen, und vielleicht ist es in zwei Wochen da oder in drei Wochen, oder auch nicht. Ich hörte in einer großen Wiener Buchhandlung einen Mann nach einem etymologischen Werk fragen und dabei Titel, Verfasser und Verlag angeben. Der Verkäufer schlug in dem neuesten Katalog nach und erklärte: »Bedaure, ein solches Buch gibt es nicht.«

Der Mann zog das Buch aus seiner Aktentasche, zeigte es dem Verkäufer und sagte, er wolle ein zweites Exemplar davon haben. Der Verkäufer wurde wütend und knallte mit der Faust auf den Katalog: »Sie brauchen mir gar nicht das Buch zu zeigen. Es existiert einfach nicht.«

Viele werden einem sagen, daß Österreich, insbesondere kulturell, sich zu einem Bestandteil von Deutschland entwickle. Autoren veröffentlichen ihre Bücher im Land des großen (und reichen) Bruders, und erfolgreiche Journalisten werden durch den Anreiz viel höherer Honorare und einer größeren Leserschaft über die Grenze gelockt. Eine Menge Leute kaufen in Deutschland ein – einige kleine deutsche Grenzstädte leben geradezu von den österreichischen Käufern; die Waren mögen zwar teurer sein, aber drüben gibt es immer die richtige Größe, und das Gesuchte ist am Lager.

Nach einigen Tagen in Wien bemerkt man jenes berühmte Gemisch von Menschen, das eines der hervorstechendsten und verblüffendsten Merkmale des wahren Mitteleuropa ist. In der Nähe des Dorfs, wo ich geboren wurde – jenseits der Grenze, in Ungarn – hatten wir elf Nachbardörfer, die alle verschiedener Nationalität waren: ein deutsches (schwäbisches) Dorf; ein serbisches; ein slowakisches; ein kroatisches; und andere weniger bekannte Stämme wie die Schokaten, die Bunewaten und so weiter. (Darunter befand sich erstaunlicherweise sogar ein ungarisches Dorf.) Der Name einer Familie, die ich kürzlich in Wien traf, existiert in fünf verschiedenen Versionen (deutsch, französisch, holländisch, tschechisch und ungarisch). Mitglieder der Familie leben in allen fünf Ländern. In Jugoslawien gibt es ein Dorf, wo früher eine Seite der Hauptstraße ausschließlich deutsch, die andere Seite ausschließlich serbisch war. Man brauchte keinen Paß, um über die Straße zu gehen, aber jede Nationalität hielt sich an ihre eigene Straßenseite. Nach der Ausweisung der Deutschen wurden dort Montenegriner angesiedelt, und eine Seite der Straße wurde ihnen zugeteilt. Aber die Zugezogenen haßten das Leben in der Tiefebene und kehrten in ihre geliebten Berge zurück. Ungarn – aus der Woiwodina – traten an ihre Stelle. Heute ist die eine Straßenseite noch immer serbisch, die gegenüberliegende ungarisch – die Trennung wird noch immer gewahrt.

Man erzählt sich (die Geschichte ist erfunden, könnte aber wahr sein), daß ein Mann aus jener Gegend gefagt wird:»Wo sind Sie geboren?«–»In Ungarn.«–»Wo sind Sie zur Schule gegangen?«–»In der Tschechoslowakei.«–»Wo sind Sie aufs Gymnasium gegangen? – »In Ungarn.« – »Wo leben Sie jetzt?« – »In der Sowjetunion.« Der andere ist entsprechend beeindruckt: »Sie müssen aber sehr viel gereist sein.« – »Keineswegs. Ich bin nie aus Ushorod herausgekommen.«

Die Stadt Ushorod (Ungwar) gehörte bis 1918 zu Ungarn; dann kam sie zu der Tschechoslowakei; nach dem Münchner Abkommen bekam Ungarn sie zurück, mußte sie aber nach dem Zweiten Weltkrieg an die sowjetischen Eroberer abgeben. Solche ortsgebundenen Reisen sind in Mitteleuropa nichts Ungewöhnliches.

Es genügt, durch den Korridor eines österreichischen Ministeriums zu gehen und sich die Namensschilder zu betrachten, oder nur das Telefonbuch zu studieren, um ein unglaubliches Gemisch von deutschen, ungarischen, tschechischen, slowakischen, polnischen, rumänischen, dalmatinischen, kroatischen, serbischen, italienischen, bosnischen, mazedonischen und albanischen Namen zu entdecken – manche einfach verhunzt, manche in ihrer ursprünglichen Form. Das ist das Erbe des Kaiserreichs; und ebenso die Folge des letzten Kriegs.

Ich kehrte nach einem fünfwöchigen Aufenthalt in Ungarn nach Wien zurück und befand mich unmißverständlich im Westen. Wien hatte nichts Östliches oder auch nur Mitteleuropäisches mehr an sich. Die Geschäfte sahen elegant, reichhaltig und verlockend aus. Die Buchhandlungen hatten echtes Weltniveau. Was tat es schon, wenn ein paar Titel nicht zu haben waren? Die Hauptsache war, daß es keinerlei politische Zensur gab und jede Publikation – von den USA bis China, von London bis Moskau – dort hätte sein *können*. Ja, man sieht häufig mittellose Ungarn durch die Kärntner Straße wandern, die die Läden mit neidischen, ungläubigen Augen betrachten und von einem Schaufenster zum andern laufen, als seien sie in eine Traumwelt geraten.

Dennoch brauchte ich geraume Tage, um zu begreifen, worin der *wahre* Unterschied lag. Ich war im *Land des Lächelns* angekommen – nicht der Operetten, sondern im wahrsten Sinn des Worts. Erst in Wien begriff ich: in Ungarn hatte niemand gelächelt. Sie hatten natürlich gelacht und oft laut gelacht; und oft über sehr gute Witze oder wirklich witzige Bemerkungen. Öfters noch lachten sie über dummes Geschwätz, kindische Neckereien, billige Ironie. Was völlig fehlte, war das höfliche, freundliche Lächeln: das sanfte Lächeln, die Freude des anderen darüber, einen zu treffen, das Lächeln der Augen, nicht der Lippen. Hier in Wien lächelten Biertrinker mit runden Schädeln und dicken, roten Gesichtern einen fortwährend an. Sie waren vielleicht weniger witzig als ihre Nachbarn jenseits der Grenze und weniger intellektuell, aber wenn sie auch beschränkt waren, so hatten sie doch genug Verstand, das Leben zu genießen.

Wenn man den österreichischen Volkscharakter mit einem Mitteleuropäer diskutiert, tauchen sofort zwei Worte auf: *Gemütlichkeit* und *Schlamperei*. Beide Worte lassen sich erklären und definieren, aber im Englischen gibt es keinen einzigen Ausdruck dafür. *Gemütlichkeit* bedeutet gleichzeitig Heiterkeit, Freundlichkeit, Sorglosigkeit, Jovialität, Lebensfreude, mit einem Schuß Frivolität. Gemütlichkeit ist keine vorübergehende Stimmung oder Gemütsverfassung, sondern eine Weltanschauung westlicher, insbesondere österreichischer Natur: das Gegenteil von östlicher Kontemplation – ein lächelndes Achselzucken, eine gewisse Unbekümmertheit, der Glaube, daß unsere Welt zwar nicht die beste sein mag, aber da wir nun einmal in ihr leben, man das Beste daraus machen sollte: ja, sie geradezu genießen. Es ist kein Fatalismus: oder vielmehr ein Fatalismus, der einen Schritt weitergeht, nämlich sich mit einem zufriedenen Lächeln in sein Schicksal zu fügen. Es ist eine Mischung von Einfältigkeit, gewollter Einfalt. Liebe, Tod, Bankrott, Krieg, das Schicksal von Dynastien sind Tragödien; aber zugleich sind sie Streiche, die einem das Schicksal spielt. Gemütlichkeit ist nicht der Mut, über ein Mißgeschick zu lachen: sie ist der Glaube oder die Erkenntnis, daß Mißgeschicke ebenso vergnüglich sind wie das Vergnügen an sich. Man mag Heurigen trinken und in Gesellschaft von Freunden zu Schrammelmusik freche Lieder singen oder die Grippe erwischen. Aber was immer man tut, soll man möglichst genießen.

Schlamperei ist die spezielle österreichische Version für Untüchtigkeit. Sie beinhaltet Mangel an Sorgfalt, Unordentlichkeit, Nachlässigkeit und Schlamperei, aber ebenso auch Gemütlichkeit. Jawohl, die Lage ist hoffnungslos verwirrt, aber wenn schon! Warum nicht darüber lächeln, anstatt wütend zu werden, seinen Blutdruck zu erhöhen und einen Herzanfall zu bekommen? Wenn man über Österreicher mit Engländern statt mit Mitteleuropäern spricht, werden sie fast unweigerlich den Ausspruch eines österreichischen Generals im Ersten Weltkrieg zitieren: »Die Lage ist hoffnungslos, aber nicht ernst« – eine perfekte Verbindung von Schlamperei und Gemütlichkeit. Es war vermutlich die sorglose Untüchtigkeit des Österreichers, der die Lage herbeigeführt hatte; aber wo sie einmal da war, bestand keine Notwendigkeit dazu, den Verlust einer Schlacht, eines Kriegs, den Zusammenbruch und die Aufteilung des Kaiserreichs und die Ausweisung der Habsburger nach siebenhundert Jahren besonders wichtig zu nehmen.

In Wien suchte ich den Generalintendanten auf, den Verwaltungsdirektor der österreichischen Staatstheater, einschließlich der Oper. Das ist allerdings ein sehr hoher Posten, und der Betreffende erfüllt ihn, wie mir gesagt wurde, ganz ausgezeichnet. Aber wir sprachen überhaupt nicht über die österreichische Opern- und Theaterkunst. Er schenkte mir ein Exemplar seines Buches »Die Geschichte Österreichs in Witzen« (Gottfried Heindl: *Und die Größe ist gefährlich*. Paul Neff.) Der Titel behauptet: »Die Größe ist gefährlich«, und die Idee dahinter empfiehlt, daß man über die großen Männer der Geschichte lachen, ihre komischen Aussprüche schätzen sollte, um sie auf diese Weise auf eine menschliche Ebene zu stellen. Der Untertitel heißt: *Wahre Begebenheiten aus der Geschichte einer schwierigen Nation.*

Ich begann es mit großem Interesse zu lesen, dann aber mit wachsendem Ärger: Glaubt der Verfasser, daß alle Geschichte ein einziger Witz ist und sonst nichts? Glaubt er, daß Geschichte lediglich Rohmaterial für die witzigen Aussprüche einiger Leute über Schlachten, Kriege, nationale Katastrophen und dynastische Schwierigkeiten sei? Aber meine Stimmung wechselte abermals. Ich las das Buch zweimal, genoß es sehr und war zum Schluß überzeugt davon, daß es, auch wenn es nicht Geschichte ist (was es gar nicht sein will), ein nützliches Korrektiv der Geschichtenschreibung zu sein vermag. Manche betrachten das Leben als eine Tragödie ohne Ende; Oberflächlichere halten es für einen Witz. Die Weisesten wissen, daß es eine Synthese ist: jede große Tragödie hat ihre komische Seite: jeder Witz seine tragische.

In seinem Vorwort bemerkt Herr Heindl, daß die Anekdote den Humor eines Volks widerspiegele, das nicht wirklich heiter, sondern lediglich dazu geneigt sei, sich über alles, insbesondere über sich selber, lustig zu machen. Die Österreicher setzen sich dauernd herab, sagt er, aber wie Bismarck bemerkte: »Sie geben sich den Anschein der Kleinheit, damit wir nicht sehen, wie groß sie sind.« Wie dem auch sei, das Buch ist voller Anekdoten, wie die folgende: 1951 gab es eine Menge Ärger mit dem polnischen Teil Galiziens, und der Gouverneur von Mähren, der dafür verantwortlich war, beklagte sich über seine Schwierigkeiten bei Redlich. »Wissen Sie denn nicht«, fragte Redlich, »was die Grundlage späterer Friedensverträge sein wird? Wer verliert, bekommt Galizien.« Als sich in jenen Tagen eine allgemeine Hoffnungslosigkeit ausbreitete und die Menschen bereit schienen, aufzugeben, zitierte Fürst Ludwig Windischgrätz den alten Kavallerieoffizier-Ausspruch: »Man kann Karten spielen ohne Geld; man kann nicht Karten spielen ohne Karten.« Und noch typischer österreichisch: als Karl, der letzte Habsburger, 1916, nach dem Tod Kaiser Franz Josephs, in düsteren, unheilschwangeren Zeiten, den Thron bestieg, bemühten sich einige Wiener Literaten, ein passendes Motto für den neuen Kaiser zu finden. Einer von ihnen schlug vor: »In meinem Reich geht die Sonne nie auf.« Soviel über den klassischen Begriff von Gemütlichkeit und Schlamperei und der Synthese von beiden. Die Idee ist natürlich die gewesen, daß Gemütlichkeit etwas Angenehmes und Lobenswertes, während Schlamperei ein Übel sei, das man abschaffen müsse. Ich hege die umgekehrte Ansicht: nieder mit der Gemütlichkeit, es lebe die herrliche Schlamperei.

Anfangs betrachtete ich die österreichische Lustigkeit immer mit sehr viel Mißtrauen. Sie ist zum Teil natürlich echt, zum Teil aber gemacht. Viele Österreicher wissen, daß man von ihnen Gemütlichkeit erwartet, also halten sie sich an diese Rolle. Man begegnet sehr viel echter Hilfsbereitschaft. Es ist kaum möglich, einen Stadtplan von Wien zu studieren, ohne daß jemand einen anspricht und seine Hilfe anbietet. Unter Umständen offerieren gleich zwei bis drei Leute ihre Version des kürzesten Wegs zur Oper oder zur Votiv-Kirche und streiten sich dann untereinander darüber, welches der beste Weg sei. Wir blieben in der Nähe des *Ballhausplatzes* stehen. (Wiens Gegenstück zum Quai d'Orsay, dem Sitz des Außenministeriums), um einige Standbilder zu bewundern. Ein älterer Herr, der wie eine Kreuzung von Tiroler Jäger und altmodischem Universitätsprofessor angezogen war, kam auf uns zu und fragte: »Sind Sie Ausländer?« Wir bestätigten seinen Verdacht. Er erklärte uns – in einem ziemlich ausgedehnten Vortrag – alles über die Standbilder, erzählte uns die Geschichte des Herakles, wobei er einige Einzelheiten aus der griechischen Mythologie über Amphytrion und Iphikles einflocht und dann zu einer weiteren Statue überging und anfing, über Admiral Tegetthoff und die Rolle der österreichischen Marine in der Adria zu dozieren. Er war gerade bis zur Schlacht von Lissa gekommen, als er zwei amerikanische Mädchen erblickte, die auf der gegenüberliegenden Straße den Herakles betrachteten. Ohne sich auch nur mit einem Kopfnicken zu verabschieden, verließ er uns, trabte zu den Mädchen hinüber. »Sind Sie Ausländer?« hörten wir ihn fragen. Wir schieden voller Enttäuschung. Wir werden niemals erfahren, wer die Schlacht von Lissa gewann.

Aber vielleicht der hilfreichste und eifrigste aller Österreicher, die ich traf, war der Stiefelputzer in meinem Wiener Hotel, der mich um sechs Uhr dreißig aufweckte und meine Schuhe verlangte, die ich vergessen hatte hinauszustellen. (Vergessen hatte ich es gar nicht, aber ich habe eine Abneigung dagegen, mir von anderen die Schuhe putzen zu lassen. Ich hasse den Anblick solcher erniedrigenden, persönlichen Dienstleistungen, aber in Wien gab ich vorübergehend meine Grundsätze auf und stellte meine Schuhe vor die Tür.)

Eine typisch österreichische Manifestation von Vernunft und trockenem Humor war ihr offizieller Befehl, als arabische Entführungen israelischer Flugzeuge Mode wurden. Die Flughafen-Behörde bestimmte, daß die israelische Linie am Rande des Flughafens parkte. Eine sehr vernünftige Bestimmung: auf diese Weise konnte man leichter erkennen, ob sich jemand den Maschinen näherte. Die speziell österreichische Note kam hinzu, als verlangt wurde, daß die arabischen Flugzeuge dicht daneben parkten. Denn – so argumentierten die Österreicher – falls die Araber schießen sollten, konnten sie ebenso leicht die eigenen Flugzeuge treffen. Und wenn das geschah, würde es mit ihrem Heroismus und der Dankbarkeit ihres Volkes rasch vorbei sein. Vielleicht hat der geistreiche Wiener Schriftsteller Karl Kraus nicht so unrecht, als er nach einer Bemerkung über das goldene Wiener Herz versonnen sagte: »Ja, ich habe mir schon immer gedacht, daß ihre Herzen aus einem ziemlich schweren Metall bestehen.«

Wieviel besser und herzenswärmender ist dagegen die Schlamperei. Es war in der österreichischen Provinz, daß ich den (vermutlich) einmaligen Zebra-Streifen erblickte, der nur bis zur Hälfte des Straßenübergangs ging. Vielleicht hatten die Arbeiter, nachdem sie bis zur Hälfte waren, Mittag gemacht und waren nicht mehr zurückgekehrt. Und nur in Österreich kann ein Flughafenhotel so irreführend angezeigt werden, daß man eine halbe Stunde braucht, bis man es findet, und es, wenn man es findet, geschlossen ist.

In den schwierigen Zeiten von 1938 befahl Schuschnigg, der österreichische Kanzler, einen Volksentscheid, um zu bestimmen, ob Österreich unabhängig bleiben oder den Anschluß wolle. Die Folge davon war Hitlers Einmarsch in Österreich, und von dem Volksentscheid war keine Rede mehr. Außer in einem Tiroler Dorf. Das hatte vom Anschluß noch nichts gehört. Es führte pflichtgemäß seinen Volksentscheid durch und schickte das Ergebnis an die zentrale Behörde, die sich inzwischen in Händen der Nazis befand. Das Dorf hatte einmütig gegen den Anschluß gestimmt.

Nach meiner Ausweisung aus Ungarn hielt ich in Wien eine Pressekonferenz ab, und der Bericht wurde in Dutzenden, vielleicht Hunderten von Zeitungen in der ganzen Welt textgetreu veröffentlicht. Nur das Wiener Blatt *Die Presse,* deren Korrespondenten bei der Pressekonferenz persönlich anwesend waren, brachte es fertig, mehr Irrtümer als Tatsachen darüber zu bringen. Der Verfasser irrte sich im Datum meiner Ausweisung; er behauptete, das BBC sei mit mir ausgewiesen worden, obwohl ich etwa fünfmal betont hatte, daß dies nicht der Fall gewesen sei; ferner, daß ich 1956 emigriert war, obwohl er sowohl mündlich wie durch einen Handzettel informiert worden war, daß ich Ungarn 1938 verlassen hatte; daß ich eine Anzahl Bücher über Ungarns politische Entwicklung geschrieben hätte, während ich kein einziges geschrieben hatte; und – um das Maß voll zu machen – daß ich auch 1946 aus Ungarn ausgewiesen worden wäre, obwohl ich klar und deutlich gesagt hatte, daß ich damals äußerst herzlich empfangen und wie ein König behandelt worden sei. *Die Presse* gilt als das bestinformierte und zuverlässigste Blatt Österreichs.

Und dennoch bin ich auf seiten der *Presse* und der österreichischen Schlamperei. Die Österreicher – und das ist eine ihrer liebenswertesten Eigenschaften – schätzen die kleinen Freuden des Lebens. Ganz gewiß hat leblose, seelenlose Tüchtigkeit mit kleinen Freuden nichts zu tun. Warum sollen wir Sklaven der Uhr, der Elektronengehirne, des Konkurrenzkampfs und dergleichen Torheiten sein, wenn angenehme Gespräche, gute Freunde, ein dampfender, schwarzer Kaffee, ein Stück Sachertorte und ein guter Witz das einzige sind, was im Leben wirklich zählt? Wen interessiert es, ob ich Ungarn 1956 oder 1938 verlassen habe? Und warum muß der besagte Zebrastreifen über die ganze Straße laufen? Halbwegs genügt doch: mehr als ein Hinweis ist nicht nötig. Es ist kaum anzunehmen, daß auf der unmarkierten Hälfte Fußgänger böswillig überfahren werden. Österreichische Studenten protestieren nicht, demonstrieren nicht und machen keine Krawalle. Nicht etwa, weil sie mit dieser elenden Welt zufrieden wären, sondern weil sie sich nicht aufregen wollen. Proteste führen zu nichts, außer hinterher zu einem guten Mokka. Also können sie sich ebensogut die Demonstration sparen und gleich zum Kaffee übergehen. *Schlamperei* ist Zivilisation; Tüchtigkeit ist Dekadenz.

Schlamperei ist zugleich auch Improvisation. Schwierigkeiten werden von Fall zu Fall bewältigt; nichts wird vorausgeplant; Löcher werden nur gestopft, wenn es nicht anders geht. Schlamperei ist in Wirklichkeit Pragmatismus und dürfte demnach auch eine englische Tugend sein.

Natürlich ist sie das auch. Ein österreichischer Bauer, der dabeigewesen war, erzählte mir, daß während seines Staatsbesuchs in England der österreichische Präsident dem ihm zu Ehren gegebenen, unvermeidlichen Mittagessen des Lord Mayors von London beiwohnte. Er wurde mit Glanz und Ehren empfangen. Als der Lord Mayor den Toast ausbrachte, bezeichnete er viermal Österreich (Austria) als Australien. Zum Schluß erhob er sein kostbares Kristallglas und rief in schallendem Ton: »Es lebe Australien!«

»Englische *Schlamperei*«, bemerkte ich.

Der österreichische Beamte schüttelte den Kopf. »Die Engländer können nichts dafür. Sie sind unschuldig. Es ist alles unsere Schuld. Unsere Schlamperei ist ansteckend.«

Ich wünschte, sie wär's.

Möglicherweise . . .

Ich bestieg in Wien eine Trambahn und verlangte eine Fahrkarte zur Oper. »Aber das ist ja schon die nächste Haltestelle«, rügte der Schaffner äußerst mißbilligend. »Nun . . .«, sagte ich in entschuldigendem Ton und schämte mich gebührend meiner Verschwendungssucht. Mit der Trambahn nur bis zur nächsten Haltestelle zu fahren – nein, so etwas! Ich reichte ihm das Geld, aber er nahm es nicht. Für eine so kurze Strecke könne er kein Geld annehmen. Wie die behördlichen Bestimmungen über das Annehmen von Geld lauteten, hatte er sich anscheinend nie Gedanken gemacht. Es war einfach *unmoralisch*, mit der Trambahn zu fahren, statt ein paar Schritte zu Fuß zu gehen. Ich schrieb es mir hinter die Ohren. Nie wieder wagte ich es, für eine so kurze Strecke die Trambahn zu benützen.

Dieser paternalistischen Art von Freundlichkeit begegnet man häufig. Die Österreicher sind gutherzige, hilfsbereite Menschen, aber zugleich erziehen sie, rügen sie und bestimmen über einen.

Wien gefiel mir, beeindruckte mich, und das sagte ich vielen meiner Wiener Freunde. Alle liebten Wien mehr als ich, aber alle widersprachen mir. Nein, es sei kleinstädtisch, provinziell, eine unbedeutende westdeutsche Stadt. Ach nein – die Leute seien nicht halb so nett, wie ich glaubte. Die Österreicher seien entsetzlich schlechte Autofahrer; die Autos machten das Leben unerträglich; gewiß, die Aussicht von den Hügeln sei prächtig, und der Wienerwald wunderschön, aber es werde immer schwieriger, überhaupt hinzukommen. Wenn ich ihnen aber in einigen dieser Punkte recht gab, waren sie tief beleidigt. Ich brauchte einige Zeit, um zu begreifen, daß sie im Grunde Wien gar nicht kritisieren wollten. Ihre Bemerkungen hatten nichts mit einer negativen Einstellung gegen Wien zu tun; sie verkörperten eher die positive Freude am Nörgeln – eine der fundamentalen menschlichen Freuden der Österreicher.

Diese Vorliebe stand in scharfem Gegensatz zu der Einstellung, die ich in Ungarn antraf. Häufig, und unter den verheerendsten Verhältnissen, priesen Ungarn die Mängel und wunden Punkte ihres Daseins und versuchten, deren Härten wegzudividieren; sie versuchten, mich davon zu überzeugen, daß das Leben besser, reicher und freier sei, als es in Wirklichkeit war. Auch, daß es ihnen materiell viel besser gehe, als es der Fall war. Weil sie ein stolzes Volk sind, das seine Armut verbergen möchte, wurden sie alle zu Fürsprechern eines Systems, das viele von ihnen hassen. Das österreichische Nörgeln ist anderen Ursprungs. Lange Zeit lebten sie als Herrenrasse eines Kaiserreichs, durften sich amüsieren, nicht aber sich in die Politik einmischen. Wenn sich jemand für öffentliche Angelegenheiten interessierte, griff sofort die Geheimpolizei zu. Es gab keine Pressefreiheit und viele Gesprächsthemen waren in der Öffentlichkeit tabu. Also nörgelten sie. Nörgeln wurde zu ihrem Menschenrecht; es war die letzte Spur von Freiheit, das beruhigende Zeichen, daß sie noch immer freie Bürger waren.

Ihr Verhalten gegenüber anderen ist höflich – sogar penetrant höflich. Das Benehmen von Kellnern, Hotelpersonal, Verkäufern und so weiter hat einen gewissen feudalen Beigeschmack, der sehr viel Hochachtung, ja sogar Unterwürfigkeit andeutet, die total verlogen erscheint (und auch ist). Ich kann ihnen keinen Vorwurf machen. Warum sollten sie – oder überhaupt jemand – mich hochachten? Bloß, weil ich einen Laden betrete, um einen Hut zu kaufen, oder mir ein Restaurant aussuche, um gekochtes Rindfleisch zu essen? Die Leute lehnen sich – mit vollem Recht – gegen die unterwürfige Haltung auf, die von ihnen erwartet wird, und also versetzen sie einem dabei ein paar heimliche Hiebe. Nach außen bleiben sie höflich; aber im Grunde bringen sie zum Ausdruck, daß sie nicht gerade viel von einem halten. Solche kleinen Stiche und verächtlichen Untertöne bedeuten nicht viel, aber sie sind sichtlich vorhanden, und man begegnet ihnen auf Schritt und Tritt. Man kann sie nicht festnageln, und man könnte auch nicht – selbst wenn man dazu geneigt wäre – sich beim Direktor darüber beklagen. Man stellt in einem Laden eine Frage und bekommt, was die Formulierung anbetrifft, eine durchaus höfliche Antwort, aber der Ton verrät: was für ein Esel müssen Sie sein, um eine derart dämliche Frage zu stellen. Oder, man geht aus einem Laden heraus, ohne etwas gekauft zu haben – oder höchstens etwas sehr Billiges – dann wird man mit einem Chor von ironischen *Auf Wiedersehen* und spöttischen Verbeugungen bis auf die Straße hinauskomplimentiert.

Trotz allen Charmes, Heiterkeit, Freundlichkeit und – oft echter – Höflichkeit findet man noch einen anderen, irritierenden Zug am österreichischen Charakter. Nicht einmal ihre besten Freunde könnten behaupten, daß sie besonders schnell von Begriff sind. Sie sind ein Bergvolk und ein ehrliches Volk. Berge mit ihren beschränkten Horizonten – verlangsamen das Denken, und Ehrlichkeit verlangsamt es noch mehr. Nur der arme Vagabund, der von der Hand in den Mund lebt und immer die Augen nach einem Nebenverdienst offenhält, ist schnell von Begriff. Das allein erhält ihn am Leben; der wohlhabende, ehrliche Bergbauer kann es sich leisten, sich jede kleine Einzelheit gründlich zu überlegen.

Ich war oft versucht, den Leuten ihre Sätze zu beenden – ihre Rede war so langsam, und der Kern, auf den sie zusteuerten, so klar. Und viele Österreicher nehmen alles so wörtlich. Man erzählte mir eine Geschichte von einem ungarischen Flüchtling, einem Mädchen, das in einer kleinen Wiener Schneiderwerkstatt arbeitete. Dort arbeiteten noch etwa zwölf andere Frauen, darunter eine Frau Reiner. Diese Frau Reiner war arm, dick, über vierzig und sehr beschränkt, sogar nach dem Maßstab jener Werkstatt. Eines Tages kam Frau Reiner nicht zur Arbeit, und der Leiter teilte den anderen Frauen mit, daß sie auf unbestimmte Zeit nach Holland gereist sei. Das rief eine Sensation hervor, um die sich die Unterhaltung längere Zeit drehte. Hatte irgend jemand gewußt, daß Frau Reiner nach Holland wollte? Nein, niemand. Also war sie ganz unerwartet hingefahren? Einfach so? Und warum ausgerechnet nach Holland? Nach anderthalb Stunden derartiger Überlegungen hielt die Ungarin das nicht länger aus und fragte: »Habt ihr gelesen, daß Königin Juliane krank ist?«

Einige hatten die Zeitungsmeldung gelesen.

»Nun«, sagte die Ungarin, »vielleicht ist Frau Reiner aufgefordert worden, nach Holland zu fahren, um die Königin ein paar Tage zu vertreten?«

Auf diese Vermutung hin trat Schweigen ein. Zuerst schienen die anderen beeindruckt zu sein. Fürwahr, eine imponierende Karriere. Dann begannen zwei der etwas Helleren Zweifel zu äußern: »Frau

Reiner? ... Nach Holland? ... Um die Königin zu vertreten? ...
Aber warum Frau Reiner? ... Nein, das ist unwahrscheinlich ...
Jawohl, sehr unwahrscheinlich.«

Nach einer weiteren halben Stunde dämmerte es allen, *wie* unwahrscheinlich es sei, daß Frau Reiner – eine Näherin bei einer kleinen
Firma für Damenmäntel – aufgefordert werden sollte, als Regentin
der Niederlande zu fungieren. Völlig ausgeschlossen! Ein grotesker
Gedanke! Und seitdem galt die Ungarin für besonders dumm.

Die österreichische Denkweise ist manchmal überraschend. Ich er-
wartete eine gewisse Summe von einer englischen Zeitung und ich
wußte, daß sie mir durch die Filiale der *Kreditanstalt* überwiesen
werden würde, die sich im selben Häuserblock meines Hotels befand. Also erkundigte ich mich in der Filiale, ob mein Geld angekommen sei.

Der Angestellte wollte mir bereitwilligst helfen, erläuterte aber,
daß er täglich Dutzende von Überweisungen erhalte, und ob ich
ihm deshalb sagen könne, welche Bank für die Zeitung arbeite.

»Leider weiß ich das nicht«, sagte ich.

»Sie wissen es nicht?« fragte der Angestellte, noch immer diensteif-
rig.

»Ich habe nicht die leiseste Ahnung.«

Er überlegte und fragte dann hoffnungsvoll: »Aber möglicherweise?«

»Möglicherweise Barclay's.«

Er entfernte sich, um mir nach zehn Minuten zu berichten, daß von
Barclay's nichts für mich eingetroffen sei. Ob ich sicher sei, daß es
Barclay's wäre? Nein, durchaus nicht. Könnte es *Westminster's*
sein? Ja, gewiß. Oder *Lloyd's*? Oder die *Midland?* Oder irgendeine
andere Bank? Jawohl, auch irgendeine andere Bank.

»Warum haben Sie denn dann *Barclay's* gesagt?«

»Ich sagte möglicherweise.«

Sein Blick wurde vage, er wußte sichtlich nicht, ob das eine befriedi-
gende Antwort sei oder nicht.

Die Österreicher haben auch ein Talent dafür, eine Selbstverständ-
lichkeit langatmig zu erläutern. An einem Augusttag um sechs Uhr
nachmittags erkundigte ich mich in einem Hotel am Wolfgangsee,
ob sie ein Zimmer hätten. Sie hätten keins, sagte mir der Empfangs-
chef. Ich sagte »danke schön« und wollte gehen, als eine aufschluß-
reiche Erklärung folgte: »Im August haben wir in diesem Hotel
zu viele Gäste. Sie haben alle Zimmer besetzt. Deshalb haben wir
keins frei.«

Bei einer anderen Gelegenheit fragte ich einen freundlichen Herrn nach einem bestimmten Ministerium. Er deutete auf die andere Straßenseite, direkt gegenüber. »Da.« Ich dankte ihm. Er erkannte wahrscheinlich, daß ich Ausländer war und fügte äußerst hilfsbereit hinzu: »Um hinzukommen, müssen Sie über die Straße gehen.«

Politik

Heutzutage weiß die Welt zu wenig über österreichische Politik; es gab eine Zeit, da sie fand, sie wisse zuviel. Kritiker Österreichs haben behauptet, daß es für anderthalb Weltkriege verantwortlich sei und ebenso für die Weltwirtschaftskrise der dreißiger Jahre. Eine Anzahl österreichischer Patrioten – eifrig darauf bedacht, die Bedeutung ihres Landes zu betonen – habe dem zugestimmt. Aber Kritik wie Behauptung sind übertrieben.

Die Regierung Kaiser Franz Josephs (1848-1916) war eine einzige Kette politischer und privater Katastrophen. 1849 mußte er den Zar um Beistand bitten, um die Magyaren niederzuwerfen, die mit ihrem unausgebildeten Bauernheer die Österreicher aufs Haupt geschlagen hatten. Dieser Sieg, mit dem Blutbad und der Verbitterung, die er nach sich zog, erwies sich als Pyrrhus-Sieg, aber der tragische Wendepunkt stellte sich erst am zehnten Jahrestag der Thronbesteigung Franz Josephs wirklich ein. Es war das Jahr (1858), in welchem sein unseliger Sohn Rudolf geboren wurde. Im gleichen Jahr starb Feldmarschall Radetzky, und der Kaiser übernahm den Oberbefehl über die gesamten österreichischen Streitkräfte und führte sie von Katastrophe zu Katastrophe. Die erste der Kette ereignete sich fast gleich nachdem er das Kommando übernommen hatte. Franz Joseph wurde durch Cavour dazu verleitet, sowohl gegen Sardinien wie das Frankreich Napoleons III. den Krieg zu erklären. Die Österreicher erlitten 1859 eine furchtbare Niederlage bei Solferino; sie verloren 40 000 Mann an Toten und Verwundeten und büßten riesige Teile ihrer italienischen Territorien ein (sogar alle, bis auf Venedig, das sie bald darauf ebenfalls verloren). Franz Joseph beschloß, Metternichs ehemalige pro-preußische Politik umzukehren und die Hegemonie Österreichs in der deutschen Welt vor Augen zu führen. Das führte zu der Niederlage von Sadowa (die Österreicher nennen es die Schlacht bei Königgrätz, und die Slawen, um es noch zu komplizieren, Hradec Kralowe). Die Niederlage war nicht nur entscheidend, sondern der Krieg auch von demütigender Kürze, in wenigen Wochen war alles vorbei. Die Folge war, daß Österreich durch Bismarck aus dem Deutschen Bund ausgeschlossen wurde und außerdem Venedig verlor. Das Jahr 1866 war für Österreich mehr als eine militärische Katastrophe – es war der Anfang vom Ende. Es war das Ende der Ordnung, die Metternich zu errichten versucht hatte, und es war der folgenschwere Höhepunkt, in dem alle Schwankungen, Experimente und Fehler des Kaisers gipfelten. Österreich war jetzt aus Deutschland und Italien verdrängt: ein unerbittlich feindseliges Rußland operierte auf dem Balkan, und in Ungarn schwelte es noch immer (Richard Rickett: Ein kurzer Überblick auf österreichische Geschichte).

Österreich-Ungarn (das in dieser Form 1867 geboren wurde) sah noch immer wie eine Großmacht aus. Der Kaiser hatte über 50 Millionen Untertanen (aber nur 12 Millionen davon waren Österreicher); seine Länder genossen – nach Solferino – ein halbes Jahrhundert Frieden. Aber eine private Katastrophe folgte auf die andere. Sein Bruder Maximilian, Kaiser von Mexiko, wurde von einem Exekutions-Kommando erschossen; Maximilians Witwe Charlotte wurde wahnsinnig; Franz Josephs Sohn und Erbe Rudolf beging in Mayerling Selbstmord und nahm die siebzehnjährige Baronesse Maria Vetsera mit in den Tod, in die er nicht einmal verliebt war; die Gattin des Kaisers, Elisabeth, wurde in Vevey von einem Anarchisten ermordet.

Das alles erzeugte ein tiefes – und verdientes – Mitgefühl für den glücklosen Mann, aber für den dümmsten und sinnlosesten Fehler seiner langen Regierungszeit verdiente er keinerlei Mitgefühl. Der Berliner Kongreß (1878) bestimmte Österreich-Ungarn zum Verwalter der Länder Bosnien und Herzegowina (heute ein Teil Jugoslawiens). Auf diese Weise wurde aus Bosnien und der Herzegowina eine österreichische Provinz gemacht: die Österreicher verwalteten sie nach Belieben – oder so gut sie konnten –, und es war völlig sinnlos, sie zu annektieren. Das aber tat Franz Joseph – aus heiterem Himmel und ohne jeden vernünftigen Grund. 1908 proklamierte Österreich die Annexion der Provinz, ohne auch nur im vorhinein seine Verbündeten Deutschland und Italien zu informieren.

Dieser törichte Schritt hätte beinahe die Welt in einen Krieg gestürzt. Seitdem sind ganze Bände über jene Krise geschrieben worden, ich begreife aber noch immer nicht die politischen Gründe des Kaisers, seine menschlichen jedoch durchaus. Er wurde alt und war von dem

Gedanken besessen, seine Länder seinem Nachfolger unversehrt zu übergeben. Dazu hatte er jedoch gar keine Möglichkeit, da er seine italienischen Besitztümer verloren hatte. Also gedachte er wohl seinen Erben durch Beschaffung neuer Gebiete zu entschädigen. Als ehrlicher Buchhalter, der er war, wollte er ebenso viele Quadratkilometer Land weitergeben, wie er bekommen hatte. Es sollte nichts fehlen. Seine Buchhalterehrlichkeit löste beinahe einen Weltkrieg aus – und das, obwohl er ebenso fanatisch auf die Erhaltung des Friedens bedacht war.

Als die letzte persönliche Tragödie über ihn hereinbrach, der Mord an seinem Thronfoger Franz Ferdinand in Sarajewo, hatte Franz Joseph die letzte Gelegenheit, das, was ihm sechs Jahre zuvor mißlungen war, zu verwirklichen. Es wäre unfair, zu behaupten, daß Österreich die Alleinschuld am Ersten Weltkrieg getragen hätte, aber sein unverantwortliches Ultimatum (das von dem Kriegstreiber Konrad von Hötzendorf ausgearbeitet und von dem senilen Kaiser gefügig unterschrieben wurde, war einer der Hauptfaktoren zu dessen Auslösung im August 1914.

Vierundzwanzig Jahre später hätte die Besetzung Österreichs durch Hitler den Demokratien die Augen für die Absichten der Nazis öffnen müssen. Aber sie stellten sich blind; sie wollten sie nicht erkennen.

Als ob das nicht genügte, wird Österreich auch häufig vorgeworfen, die Weltwirtschaftskrise in den dreißiger Jahren verursacht zu haben. Gewiß war es der Zusammenbruch der Österreichischen Creditanstalt 1931, die den Alarm dafür gab, es ist aber völlig ungerecht, Österreich die Schuld an der weltweiten Wirtschaftskatastrophe zu geben. Es war das erste Opfer der Krise, nicht aber ihre Ursache.

Der Anschluß von 1938 stellte Österreich in den Brennpunkt weltweiten Interesses. Es ist hier nicht der Ort, darüber zu streiten, ob die Vergewaltigung durch die Nazis Vergewaltigung oder Liebesakt gewesen ist. Eine große Anzahl von Österreichern hießen in der Tat die Nazis willkommen, und Hitlers Einmarsch in Österreich glich einem Triumph. Er hatte einige Anfangserfolge: die Arbeitslosigkeit war in kürzester Zeit beseitigt, und seine Populariät wuchs. Aber die Enttäuschung folgte bald, selbst für die österreichischen Nazis. Der Anschluß wischte den Namen Österreichs von der Landkarte, es wurde statt dessen zur *Ostmark*, Deutschlands östlichster Provinz, und alle einträglichen Posten bekamen die Deutschen. Was an Begeisterung übrigblieb, verschwand rapide nach Hitlers Angriff auf Rußland, als mehrere österreichische Divisionen aufgerieben wurden und der Krieg unsägliches Leid mit sich brachte.

Nach dem Krieg bekam Österreich seine Unabhängigkeit wieder, aber es war geschlagen, ausgehungert, in Trümmern und besetzt. Dann setzte der Wiederaufbau ein. Es war typisch für Österreich, daß zu den ersten Dingen des Wiederaufbaus das Wiener Philharmonische Orchester gehörte. In jenen ersten Zeiten mußte das Orchester sich ohne seine großen Dirigenten behelfen, und zweitklassige, sogar Anfänger, bekamen eine Chance. Herr Heindl erzählt in einer seiner Anekdoten, daß damals jemand den Konzertmeister nach X, einem jungen, unerfahrenen Dirigenten, fragte: »Was wird Herr X heute abend dirigieren?«

Die Antwort lautete: »Ich weiß nicht, was er dirigieren wird; *wir* spielen die Sechste von Beethoven.«

Nach seiner Befreiung machte Österreich eine alptraumhafte Zeit durch, die der Film »Der Dritte Mann« widerspiegelt, und die der übrigen Welt bekannt war. Ebenso wußte die Welt, daß das Land in Zonen eingeteilt war, aber von den USA, Großbritannien, Frankreich und der Sowjetunion gemeinsam regiert wurde. Wir gewöhnten uns an den Anblick von Jeeps, die mit vier Mann Militärpolizei – je einem der Besatzungsmächte – in den Straßen von Wien Streife fuhren. Manche Freunde Österreichs lächelten über diese Bilder; andere nickten; andere wiederum seufzten.

Es war traurig, mit anzusehen, daß alles, was von der Zusammenarbeit der Alliierten auf dem Gipfel des kalten Kriegs übrigblieb, die Bewachung der nazistischen Kriegsverbrecher im Spandauer Gefängnis und diese Jeep-Patrouillen in Wien waren. Karl Renner – Österreichs überragender Staatsmann vor und nach dem Krieg – veranschaulichte die Sache damit, daß er das Land mit einem kleinen Ruderboot verglich, mit vier Elefanten als Passagieren. Ein anderer drückte es in anderen Worten aus: Österreich sei immer das Land der guten Weine, guten Biere und guten Schnapses gewesen. Frankreich verkörpere die Wein-Zone, England die Bier-Zone und die Sowjetunion Wodka und andere harte Schnäpse. »Wir brauchen jetzt nur noch die Coca-Cola-Zone hinzuzufügen.«

Im Jahr 1955 sollte die Welt noch einmal auf Österreich blicken. Ich erwähnte bereits Österreichs Glück als Folge Chruschtschowschen Tauwetters, das seine Befreiung ermöglichte. Gerechtigkeitshalber muß man hinzufügen, daß auch die österreichische Staatskunst eine Rolle spielte. Aber ohne Glück hätte diese Staatskunst nichts erreicht. Im September 1955 verließ der letzte Besatzungssoldat österreichi-

schen Boden, und Österreich wurde ein unabhängiges, neutrales westliches Land, klein und arm, aber sicherlich viel glücklicher, als es zu
gewissen Zeiten der riesigen, einst glorreichen Donau-Monarchie
gewesen war. Heute ist Österreich noch ebenso klein wie im Jahr
1955; aber es ist nicht mehr arm. Nicht reich, aber ganz wohlhabend,
und der Schilling gehört zu den stabilsten Währungen Europas.
Stabiler als der Rubel; und sicherer als das englische Pfund.
Österreichs politisches Leben unmittelbar nach dem Krieg erstaunt
durch das Vorhandensein einer Koalitionsregierung in Friedenszei-
ten. In der ersten Nachkriegszeit gelang es den Russen nicht – die
nur eine Besatzungszone innehatten –, das Land in eine Volksdemokratie zu verwandeln, aber ihr Einfluß war stark genug, um eine
Entwicklung zu verhindern, die in ihren Augen am hassenswert-
esten war: das Auftauchen einer wahren und kritischen Opposition.
Das war der Ursprung der Koalition. Nach dem Abzug der Russen
bestand kein politischer Grund dafür, die Koalition fortzusetzen,
es gab jedoch unpolitische Gründe: die österreichische Trägheit und
ihr unbekümmertes Wesen. Die Koalition hielt sich durch schiere
Trägheit am Ruder. Niemand wollte eine Situation ändern, die sich
bewährt hatte, wenn auch nur schlecht und recht.
Die Bildung einer Koalitions-Regierung wird oft als Allheilmittel
für Krisen verschiedenen Grades empfohlen. Ideologen verschwinden ohnehin überall, und bürokratische Formen werden sowohl in
den USA wie in Rußland, England und Frankreich angenommen.
Warum nicht eine Koalition bilden, in der die besten Köpfe einer
Nation verwendet werden, und zum Teufel mit dem dummen und
überholten Spiel von Parteipolitik? Theoretisch ist das sehr schön,
aber die Österreicher erprobten diese Theorie während anderthalb
Jahrzehnten nach dem Abzug der Russen – im ganzen ein Vierteljahrhundert – und ihre Erfahrungen waren entmutigend. Ein österreichischer Politiker – Sozialist und Akademiker – erklärte mir folgendes:
»Während der Besetzung war eine Koalition für Österreich nicht nur
unvermeidlich, sondern auch wichtig. Das Land wurde von den be-
sagten vier Elefanten regiert, und nur ein geeintes Österreich war
imstande, sich einigermaßen gegen die Besatzungsmächte durchzuset-
zen. Die Rechtspartei wäre bei den Russen, die Linke bei den West-
mächten auf Feindseligkeit gestoßen. Aber bis 1960 – fünf Jahre
nach dem Staatsvertrag – war die Koalition in eine schlechte Ehe
ausgeartet: die Gewohnheit war weit stärker als die Liebe. Natürlich ist nie etwas rein weiß oder rein schwarz, und in jener Zeit bot

eine Koalition gewisse Vorteile. Aber die Nachteile überwogen bei weitem. Alles wurde hinter verschlossenen Türen entschieden; Meinungsverschiedenheiten und Streitereien vollzogen sich unter Ausschluß der Öffentlichkeit, die über die wahren Probleme nicht informiert wurde. Alle Entscheidungen *erschienen* einmütig, bedeuteten jedoch lediglich Interessenlosigkeit, oder, schlimmer noch, das Resultat harten Aushandelns (»Bist du *hiermit* einverstanden, bin ich *damit* einverstanden«) Das Volk erfuhr immer nur die Ergebnisse, die Beschlüsse – aber nie die Einwände, nie das Pro und Kontra. In einer solchen Atmosphäre treten Scheinprobleme in den Mittelpunkt des Interesses, und die wahren, ernsten Fragen bleiben einigen wenigen Berufspolitikern überlassen. Die Koalition hatte noch andere nachteilige Wirkungen: es war selten der geeignete Mann, der den Posten bekam, sondern der Mann, welcher der richtigen Partei angehörte. Wenn der Posten einem Sozialisten zugedacht war, so bekam er ihn, selbst wenn er der unfähigste unter den Kandidaten war. (Oder ganz gleich welche Partei – so war es nun einmal.) Die Leute lernten, daß sie, um einen Posten zu bekommen, zur richtigen Partei gehören mußten, und das war schlecht für den Posten, das Volk, und auch für die Parteien: allmählich waren sie voll von Leuten, die an den Zielen und Idealen der Partei völlig uninteressiert waren, sogar an Politik überhaupt. Sie waren eingetreten, weil man es auf diese Weise am weitesten brachte.

1970 kehrte Österreich dann zu echter – echter? – Parteipolitik zurück, und die Sozialisten kamen an die Macht. Aber alte Gewohnheiten sind schwer auszurotten. Niemand wollte sich für Politik so recht begeistern, und Österreichs politisches Leben ist in ehrbare Langeweile abgesunken. Vielleicht ist das ein Segen; aber das Symbol für Österreichs politische Existenz ist nicht das Schwert, nicht Hammer und Sichel, nicht die Nationalfahne, sondern das nationale Gähnen. Es lesen weniger Leute Zeitung als in allen anderen Ländern des Westens, und es gibt viele große Familien, in denen kein einziges Mitglied Zeitung liest. Mit Linksextremisten gibt es wenig Ärger. Die Kommunisten können sich nicht wirklich durchsetzen – Österreich hat den Kommunismus kennengelernt, und das hat ihm genügt. Auch die Neo-Nazis machen wenig Schwierigkeiten. Wie ein Politiker mir sagte: »Unsere Neo-Nazisten sind im Gegensatz zu denen in Deutschland alte Nazis. Und sie sind schon sehr alt und sterben aus. Mit ihnen stirbt das ganze Problem.«

Politische Gleichgültigkeit – oder Unwissenheit – geht sehr weit. Manche Leute behaupten, daß selbst der Abzug der Russen keinen

Unterschied gemacht habe. Das sagen nicht etwa kommunistische Propagandisten, sondern einfach Menschen mit kurzem Gedächtnis. Ich hörte diese eigentümliche Bemerkung so oft, daß ich mit einem österreichischen Regierungsmitglied darüber sprach, der mit der unvermeidlichen Anekdote anwortete: »Keinen Unterschied? Ich weiß nicht ... Sie kennen die Geschichte von dem Juden, der ohne Hut in der Synagoge erschien. Der Rabbi war empört. Er schrie ihn an: ›Ohne Hut in der Synagoge ...? Das ist abscheulich. Es ist als ob ... als ob ... wie soll ich sagen? Es ist also, als ob man mit einer Prostituierten schläft statt mit der eigenen Frau.‹
Der Mann sagte nichts. Am anderen Tag kam er jedoch wieder und erklärte dem Rabbi: ›Jetzt hab' ich beides ausprobiert. Man kann sie wirklich nicht miteinander vergleichen.‹«

Wie man ein Kaiserreich verliert und dabei glücklich bleibt

Das ist die größte Lehre, die wir von Österreich lernen müssen; das ist die Frage, die Österreich für uns besonders wichtig macht.
Zwischen den Weltkriegen litt Österreich schwer unter den Nachwehen des Kaiserreichs.
Nach dem Ersten Weltkrieg war das Land gerädert und geviertelt worden (buchstäblich geviertelt). Ein Drittel seines Volks lebte in der Hauptstadt; Wien war sozialistisch, das Land selber halb faschistisch und (später) überall von NS-Elementen durchsetzt. Österreich stand vor unlösbaren politischen und wirtschaftlichen Schwierigkeiten und unter unausweichlichem Druck. Das einzige, was ihm geblieben war, war der große Kater nach dem Verlust seines Kaiserreichs, und darin ging sein verletzter Stolz auf.
Die Überbleibsel davon – die Erinnerungen – bestehen noch immer. Österreich weiß noch immer, was es war oder schien, eine Großmacht, eine der dominierenden Stimmen Europas, in einer Welt, da außerhalb von Europa nichts wirklich zählte. Viele Österreicher bemerkten noch immer ironisch, daß Österreich vertrauensvoll einer großen Vergangenheit entgegensieht.
Das Theater in Wien ist gut; aber man macht dort nur wenig Experimente. Grillparzer, Shakespeare und Raimund sind noch immer die beliebtesten Dramatiker. Die Musik ist sogar noch besser, aber wenn möglich noch altmodischer. Eine eigenartige Vorliebe für Operetten besteht noch immer: die romantische Liebe zwischen dem

jüngeren Sohn des Grafen und der Gänse-Liesl, oder Geschichten von lustigen Witwen und Czardas-Fürstinnen, mit melodiösen Liebesliedern und dem großen Auftritt der Primadonna. Aber eigenartigerweise gibt es keine neuen Interpreten; es sind die alten Operetten, die sich einer mäßigen Beliebtheit erfreuen. Und um diesen Zwiespalt geht es: Österreich blickt auf den Glanz der Vergangenheit, obwohl es bereit ist, sich mit den Realitäten der Gegenwart abzufinden. Natürlich mit einigem Zögern, was man ihm nicht zum Vorwurf machen darf. Es gibt keine revolutionären Parteien, keine revolutionären Bewegungen, keine Studentenaufstände, keine Himmelstürmerei. Sie kämpfen nicht für eine große und erhabene Zukunft; es gehört für sie schon genug Selbstzucht dazu, den Kampf um eine große und erhabene Vergangenheit aufgegeben zu haben.

Österreich lebt im Wohlstand, es wird nicht von Streiks und Bilanzkrisen drangsaliert. Es exportiert eine Menge, hauptsächlich Industrieerzeugnisse, aber auch landwirtschaftliche Produkte, und seine Touristen-Industrie – die dank seinen prachtvollen Wintersportplätzen das ganze Jahr hindurch floriert – ist von entscheidender Bedeutung. Der Wohlstand des Landes ist merklich geringer als in Deutschland; und vielleicht noch geringer, als es den Anschein hat: die alte adlige und bürgerliche Tradition, seine Armut zu verbergen, lebt zum großen Teil weiter. Die bekannte Roman- und Komödienfigur der Jahrhundertwende, die armen Verwandten, die in vorgetäuschtem Glanz leben, gibt es noch immer.

Sobald Österreich im Jahr 1955 seine wahre Unabhängigkeit wiedergewann, entschied es sich für eine Politik der Neutralität. Das war der ausdrückliche Wunsch der Sowjetunion, aber sie war Österreich ebenso lieb. Ihm lag vor allem daran, jede Einmischung oder unberechtigten Einfluß seitens der beiden Supermächte zu vermeiden.

Das leuchtende Vorbild jeder neutralen Macht ist die Schweiz. Es hat die größte Erfahrung in der Neutralität, während Österreich darin nur ein Anfänger ist. Aber in einem wichtigen Punkt hat es abgelehnt, dem schweizerischen Beispiel zu folgen: es wurde Mitglied der Vereinten Nationen. Hier wiederum folgte es bereitwillig dem guten Rat der Russen. »Ein Land kann unmöglich sklavisch dem Beispiel eines anderen folgen«, sagte mir der Außenminister. »Wären wir dem Beispiel der Schweiz bis ins kleinste gefolgt, so hätten wir damit augenblicklich unsere Unabhängigkeit aufgegeben.«

Zwei lange Zeitabschnitte hindurch – während der Besetzung durch die Nazis und während der Besetzung durch die Alliierten – empfand Österreich, daß man es einfach von der Landkarte ausgelöscht habe; es existierte nicht mehr; es war ein Land, das es nicht gab. Um in die Gemeinschaft zurückzukehren, um die Welt an seine Existenz zu erinnern, trat es den Vereinten Nationen bei. Manche Leute haben ein seltsames Wunschbild von Österreich, genau wie von Bayern; sie stellen sich eine Art Gemeinschaft der Alpenvölker vor. Im Zentrum Europas erstreckt sich ein weites Gebiet, von der Donau bis zum Jura, von Österreich bis zur Westschweiz, dem bestimmt ist, neutral zu bleiben, komme, was mag. Der Einfluß der Länder in diesem Gebiet muß zu spüren sein. Wenn wir dieser neutralen Gruppe die wachsende, zunehmend lautstarke und gut organisierte (sich zusammenschließende) Gruppe der Blockfreien hinzuzählen (siehe das Kapitel über Jugoslawien), ist nicht auszuschließen, daß wir eines Tages unter die Tyrannei neutraler und blockfreier Nationen geraten.

Außenpolitisch hat Österreich keine übermäßigen Schwierigkeiten. Es hatte gewisse Schwierigkeiten mit seinen beiden Ostblock-Nachbarn; mit Ungarn nach dem Aufstand von 1956, als 200 000 Flüchtlinge nach Österreich hereinströmten, und mit der Tschechoslowakei, wo noch immer das ungelöste Problem einer Kompensation für beschlagnahmte österreichische Güter (zum Unterschied von deutschen) besteht. Österreich verfolgt mit diesen beiden Ländern eine Politik friedlicher Ko-Existenz, was ihm im großen und ganzen gelingt. Die Beziehungen zu Ungarn sind besser als die Beziehungen zur Tschechoslowakei. Die Ungarn wahren heute eine viel zivilisiertere Fassade, und Omnibusladungen von Touristen – Österreicher und Ausländer, die für ein bis zwei Tage von Österreich nach Ungarn fahren – sind wichtig für Ungarn, so daß sie Österreich gegenüber eine beispielhafte Höflichkeit an den Tag legen. Mit den Tschechen haben sie den oben erwähnten Streit, was sich darin ausdrückt, daß Österreich in Prag keine Botschaft, sondern eine Gesandtschaft unterhält. Aber die Besetzung der Tschechoslowakei durch die Russen und der Druck des neo-stalinistischen Regimes in diesem Land hat, nach Ansicht der Österreicher, die Uhr um Jahrzehnte zurückgestellt.

»Wir blicken nicht einmal zu ihnen hin«, sagte mir ein Mitglied der österreichischen Regierung. »Sie stehen zwar vor unserer Schwelle; aber in gewissem Sinn ist Prag ebenso weit entfernt wie Johannesburg.«

Anfangs behandelte Österreich die Bundesrepublik mit Mißtrauen, aber dieses Mißtrauen hat sich inzwischen gelegt, und die beiden Länder sind gute Freunde geworden.

»Denkt noch irgend jemand an einen neuen *Anschluß?*« fragte ich den Außenminister. »Vielleicht in beiden Ländern ein Prozent: unmittelbar nach dem Krieg dachten mehr Leute ernstlich daran: wir fühlten uns vereinsamt in der Welt; wir fühlten uns verloren; unser Europa war verschwunden, und wir hatten weder Freunde noch Verwandte. Viele glaubten, daß wir zur Armut und Isolation verdammt wären. Daß wir nie mehr Erfolg haben könnten. Aber wir *haben* Erfolg gehabt, und wir *haben* gelernt, auf eigenen Füßen zu stehen. Wir brauchen keinen *Anschluß.*«

Auch mit Italien hat Österreich seine Schwierigkeiten. Südtirol oder *Alto Adige* (je nachdem man den deutschen oder den italienischen Namen anwendet) wurde Italien nach dem Ersten Weltkrieg zugesprochen. Dieser Akt war eine große Ungerechtigkeit. Das sagte Lloyd George; das sagte Winston Churchill; Adolf Hitler, der große Patriot, sagte es nicht; er verkaufte die Österreicher an Mussolini. Die Italiener haben die österreichische Minderheit nie sehr gut behandelt, so daß eine gewisse Spannung besteht – Tiroler Bomben explodierten gelegentlich sogar in Italien. Aber beiden Ländern ist an einer gegenseitigen Freundschaft gelegen, so daß Verhandlungen über eine gewisse Autonomie für die deutschsprachige Minderheit im Gang sind. Die Österreicher bemühen sich, sie zu beschleunigen. Die Italiener verschleppen sie.

Mit solchen Schwierigkeiten läßt sich leben. Österreich unterhält keine Streitkräfte östlich vom Suez-Kanal, es braucht sich nicht den Kopf darüber zu zerbrechen, ob es die Araber unterstützen soll oder nicht; und das Schicksal des österreichischen Commonwealth berührt es nicht. Es gibt kein österreichisches Commonwealth, noch weniger als es ein britisches Commonwealth gibt – und das will viel heißen. Wer ohne Macht nach Verantwortung strebt, ist ein Tor.

Österreich ist ein kleines, europäisches Land, das sich mit seiner geographischen Lage abfindet, seine Schillinge in hundert Groschen aufteilt, nach Metern und Kilogramm rechnet, sich damit abfindet, daß Kaiser Fanz Joseph tot ist – ja sich sogar während der letzten zwanzig Jahre mit seiner Regierung abfand – und sich an seinem eigenen Stumpfsinn freut. Im allgemeinen sprechen wir von Stumpfsinn eher spöttisch als neidisch. Extremismus erzeugt Extremismus; Provokation erzeugt Gegen-Provokation; Stumpfsinn erzeugt Stumpfsinn. Was die Welt heute dringend braucht, ist Stumpfsinn, viel mehr Stumpfsinn, als wir haben. Man denkt, wir brauchten Devisen, Export-Handel, touristische Ko-Existenz, Utopien, »tapfere neue Welten«, magische Ideologien und so weiter. Ich glaube, wir brauchen viel dringender eine gute Portion Stumpfsinn. Österreich – glückliches Österreich – ist auf dem rechten Weg.

Der letzte lebende Vertreter des Kaiserreichs ist der Erbe des Kaisers, Otto von Habsburg. Er verzichtete auf jeden Anspruch auf den österreichischen Thron, und obwohl er nicht ausdrücklich auf den ungarischen Thron verzichtet hat, dürften seine Hoffnungen auf eine Krönung in Budapest vorläufig recht dürftig sein. Ich habe ihn nie persönlich kennengelernt, jedoch häufig gehört, daß er ein charmanter, bescheidener, vernünftiger und sehr gebildeter Mann ist, hochgeachtet und bei vielen beliebt, die mit der Monarchie oder der Restauration der Habsburger nichts im Sinn haben. Vor Jahren hörte ich über Otto eine Geschichte, die ich nicht nur amüsant, sondern auch sehr österreichisch fand. Er befand sich in Los Angeles, als ihn ein Freund von mir in seinem Hotel anrief. Es war sein Kammerherr, der ans Telefon kam und, wie mein Freund fand, ziemlich herablassend erklärte: »Seine Majestät frühstücken in der Apotheke«, was bedeutet: »Seine Majestät frühstücken in der Drogerie.« Und Drogerie heißt natürlich Drugstore.
Ich fragte mich unwillkürlich, wenn »seine Majestät«, warum ißt er in der Drogerie? Und wenn er in der Drogerie ißt, warum dann »seine Majestät«?

Jugoslawien

Ankunft

Sobald man südlich von Klagenfurt über die jugoslawische Grenze kommt, spürt man, daß man in ein ärmeres Land gekommen ist. Man spürte das gleiche beim Hinüberwechseln von Deutschland nach Österreich, aber Jugoslawien ist wesentlich ärmer als Österreich – und in der Tat ist Österreich nur arm im Vergleich zu Deutschland. (Wenn Großbritannien sich nicht anstrengt, wird Österreich seinen Lebensstandard wohl oder übel bald übertroffen haben.) Das erste, was einem auffällt, sind die Autos. Österreichs Wagen waren, wie man sich erinnern wird, weniger imponierend, weniger pompös und weniger zahlreich als in Deutschland, aber hier geht es auf der Skala um weitere Grade bergab. In der Nähe der Grenze war, als ich hinüberfuhr, nicht viel Verkehr, und ein großer Teil der Wagen gehörte Touristen. Später, in der Umgegend der Städte, nahmen die winzigen Fiats (die in Jugoslawien zusammengesetzt werden) an Zahl zu, und in den Städten beherrschen diese frechen kleinen Dinger – die sich überall durchzwängen und einem den Weg verstellen – das Straßenbild. Die allgegenwärtigen Volkswagen waren sogar noch älter und verbeulter als diejenigen, die wir in Österreich antrafen. Ferner sieht man eine Menge Menschen auf Fahrrädern. Die Räder sind für viele der Fahrer Status-Symbole, ein Beweis für kürzlich erworbenen Wohlstand, für uns verwöhnte Westeuropäer bleiben sie ein Zeichen der Armut.

Bald nachdem ich über die Grenze gekommen war, begann es zu regnen, und die Radler machten ihre Schirme auf. Was einen schon früh in Jugoslawien beeindruckt, ist die angeborene Würde der Bevölkerung. Sie sind nicht servil, wie viele Österreicher, noch arrogant, wie so viele Deutsche; nicht plump vertraulich, wie so viele Amerikaner, und nicht aggressiv selbstbewußt, wie so viele Briten. Es sind Menschen, beladen mit Sorgen und Pflichten, die das Leben – nicht sich selber – ernst nehmen. Überall woanders würden Leute, die mit einem aufgespannten roten Schirm in der Hand durch die Gegend radeln, den Eindruck einer dörflichen Zirkusnummer erwecken; hier wirken sie sinnvoll, viel sinnvoller als Männer mit zugerollten Schirmen (die sie häufig selbst bei Regen zugerollt lassen) in der City von London.

In der Nähe der Grenze hielt ich an, um Geld zu wechseln. Die Transaktion ging rasch, höflich und ohne Schwierigkeiten vor sich. Niemand fragte danach, wieviel fremde Valuta ich hereinbrachte; der Dinar hat seit meinem letzten Besuch ein gewisses Ansehen bekommen – fast die Würde eines Mannes, der mit einem aufgespannten roten Schirm in der Hand auf einem Rad balanciert. Das Café in der Nähe des Grenzpostens war sauber und freundlich, und der Kaffee nicht nur billig, sondern auch gut. Eine der ersten Gruppen, die ich beim Weiterfahren erblickte, waren einige Soldaten in abgetragenen, beinah zerfetzten Uniformen, die einen ganz neuen weißen Fußball mit schwarzen Punkten vor sich hinstießen. Ich mußte scharf bremsen, um den schönen weißen Ball nicht kaputt zu fahren. Ich lächelte, aber niemand lächelte zurück. Immerhin, verglichen mit meinem Besuch 1955, machte Jugoslawien einen Eindruck von Wohlstand und Luxus. Damals war ich nach Verlassen des betriebsamen, lärmenden Triest, nach Überquerung der Grenze wie durch einen Friedhof gefahren. Die Stille und Einsamkeit waren gespenstisch; ich sah keinen einzigen Personen-, Liefer- oder Lastwagen auf den Landstraßen, bis ich nach Opatija kam. Das einzige, was ich sah, waren ein paar Bauerngespanne. Die Straßen waren fürchterlich – voll tiefer Löcher, ohne jede Warnzeichen – und Tankstellen gab es nur ganz wenige. In Rijeka, dem ehemaligen Fiume und der ersten Stadt, in der ich hielt, bestellte ich mir ein miserables Mittagessen, das ich unter mißgelaunten, schlecht gekleideten Leuten verzehrte, während ein heulender Lautsprecher unaufhörlich eine Rede von Tito wiederholte, die er am Tag zuvor gehalten hatte. Ich hatte den Vorteil, daß ich kein Wort verstand. Nicht einer hörte zu, obwohl Tito beliebt war – und ist –, aber diese Art von kreischenden Phrasen erzeugen stets eine gegenteilige Wirkung. Ich hatte für die Übersetzungsrechte einiger meiner Bücher in jugoslawischer Währung eine Menge Geld bekommen, so daß ich reich war und sehr darauf aus war, einzukaufen. Dies war jedoch eine müßige Hoffnung: denn außer Slibowitz und einigen Lederartikeln gab es nichts zu kaufen. (Ich traf in England mit einem Sortiment von Lederwaren ein: Handkoffer, Aktentaschen, Brieftaschen usw. und mußte an Zoll mehr bezahlen, als was ich von Jugoslawien eingenommen hatte.) Außerdem kaufte ich ein paar Socken, die aber später zerbrachen. Sie rissen nicht, sie bekamen keine Löcher, sie zerfielen nicht etwa: sie zerbrachen wie Porzellan mit einem lauten Knall. Diese Zeiten sind vorbei. Die Straßen wimmeln von dreisten, lärmenden Wagen, die Chausseen sind ausgezeichnet, es gibt Massen von Tankstellen. Ich kam nach Ljubljana und fragte einen Mann – einen uniformierten Beamten – nach dem Weg zu meinem Hotel. Er erklärte ihn mir, fügte jedoch, auf mein Wohl bedacht, hinzu, daß es Wahnsinn sei, soviel für ein Hotelzimmer auszugeben, es sei hinausgeworfenes Geld – billigere Hotels seien genausogut. Ich erwiderte, daß ich es vorausbestellt hätte. Er zuckte die Achseln (das Hotel war übrigens ausgezeichnet und für dreieinhalb Pfund überhaupt nicht teuer).

Auf meinen Streifzügen durch Ljubljana befand ich mich in einer anderen Welt als der Jugoslawiens von 1955. Damals hätten nur wenige gewagt, an eine Auslandsreise zu denken oder einen Paß zu beantragen; heute wimmelt es von Reiseagenturen, die Reisen in viele Länder, einschließlich Spanien und Japan, anbieten und – was Anfang der fünfziger Jahre noch unvorstellbar gewesen wäre – nach Moskau und Leningrad. Es gibt Supermärkte, die zwar weniger großartig als die von Manchester und New Orleans sind, aber dennoch sehr reichhaltig. Die Mädchen gehen in Mini- und Maxi-Kleidern einher. Anzüge sind gut gearbeitet, wenn auch aus weniger gutem Stoff. Die Frisuren der Frauen sind gelegentlich näher am Sozialistischen Realismus als an der neuesten *King's Road*-Mode, aber die meisten Frauen sind sehr gepflegt. Die Schaufenster bieten eine Menge Haushaltsgeräte an. Ja, man hat den Eindruck, daß eine förmliche Sucht nach diesen Dingen besteht: es gibt elektrische Rasierapparate, Haartrockner, Toaströster, Rasenmäher, einfach alles. Aber einiges erinnert einen dennoch daran, daß man sich nicht im Westen befindet: die Läden sind von sieben Uhr dreißig bis 19 Uhr geöffnet, und sogar am Samstag bis mittags. In den internationalen Luxushotels wird das Frühstück von fünf Uhr früh bis zweiundzwanzig Uhr abends serviert. Wer, zum Teufel, fragte ich mich, der es sich leisten kann, hier zu wohnen, will um fünf Uhr früh aufstehen? Aber ich vergaß die wichtigsten Kunden: die Deutschen.

Man braucht nicht lange, um zu begreifen, wo man sich befindet: in einem Land, das genau zwischen dem Osten und dem Westen liegt. Die Menschen sprechen ungehemmt über die meisten Themen, einschließlich der Zukunft Jugoslawiens nach Präsident Titos Tod. In der Presse ist jedoch dieses Thema tabu. In Privatgesprächen besteht in Jugoslawien jedoch eine besondere Schwierigkeit; denn offiziell ist Marschall Tito unsterblich.

Wer ist Jugoslawe?

Tito *ist* natürlich unsterblich. Er kann zwei große historische Leistungen für sich buchen, abgesehen davon, daß er die Partisanen in ihrem enormen Kampf geführt hat: er einte Jugoslawien (mehr oder weniger, wie wir noch sehen werden) und etablierte den Titoismus. Seine ursprünglichen Schwierigkeiten waren deshalb so immens, weil es damals weder ein Jugoslawien noch eine Ideologie des Titoismus' gab.

Ich bin zwar noch kein sehr alter Mann, aber immerhin etwas älter als Jugoslawien. Jugoslawien ist zwar kein sehr altes Land, aber immerhin älter als die Hälfte sämtlicher anderer Länder der Welt. Früher einmal wurde gesagt, wenn die Donau-Monarchie nicht existierte, hätte man sie erfinden müssen. Jugoslawien existierte nicht und wurde *erfunden*. In der Ära Wilson des Ersten Weltkrieges schien es auf der Hand zu liegen, die Süd-Slawen (mit Ausnahme von Bulgarien) in einem einzigen Land zusammenzufassen. Aber vor dieser Idee gab es noch keinen jugoslawischen Nationalismus etwa im Sinn eines baskischen Nationalismus: den Wunsch danach, einen unabhängigen Staat zu bilden.

Vor dem Ersten Weltkrieg gab es in dem heutigen Jugoslawien zwei selbständige Staaten: Serbien und Montenegro. Serbien – wie auch andere Teile des neuen Landes – hatte fünfhundert Jahre lang unter türkischer Besatzung gestanden, aber die Montenegriner in ihren kahlen, zerklüfteten Bergen hatten sogar den Türken getrotzt. Zu Ausbruch des Ersten Weltkriegs wurden die Slowenen, Kroaten und Bosnier von der Donau-Monarchie beherrscht, waren aber innerhalb dieser Herrschaft geteilt: die Kroaten standen unter der härteren Regierung der Ungarn, die Slowenen und Bosnier unter österreichischer Herrschaft und – wie einige meiner informierten Leser wissen werden – brach der Krieg aus, weil der österreichisch-ungarische Kronprinz in Sarajewo ermordet wurde. Die Slowenen sind von allen Nationen Jugoslawiens am westlichsten orientiert und am meisten industrialisiert. Die Kroaten kommen an zweiter Stelle. Diese beiden Nationen sind katholisch. Weiter südlich weichen die Kirchtürme den zwiebelförmigen Kuppeln der griechisch-orthodoxen Kirche und den Minaretts des Islam. Dort lassen wir die westliche Welt hinter uns, und es waren einige Slowenen, die mir sagten: »Wenn Sie den Vorderen Osten erleben wollen, wo er am rückständigsten ist, brauchen Sie nicht über das Mittelmeer zu fahren; fahren Sie einfach nach Bosnien.«

(Das entspricht nicht ganz der Wahrheit; diesem Rat ist viel jugoslawische Bosheit beigemischt.) Der intellektuelle, völlig westlich eingestellte slowenische Universitätsprofessor ist von einem halbanalphabetischen mazedonischen Eseltreiber ebenso weit entfernt, wie ... wie ... nun, man braucht nicht lange nach einer Parallele zwischen Norden und Süden zu suchen: der Professor ist ebenso weit vom mazedonischen Eseltreiber entfernt wie ein Mailänder Bankier von einem sizilianischen Eseltreiber.

»Diese Nationen stehen einander nicht gerade nahe. Die scharfe Kluft zwischen Serben und Kroaten ist wohlbekannt; sie macht den Anschein eines religiösen Konflikts zwischen Katholiken und Angehörigen der griechisch-orthodoxen Kirche, ist aber in Wirklichkeit eine wilde Stammesfehde. Jedoch sind es nicht nationale Antagonismen, die das Land zerrütten. Die Slowenen haben eine Vorliebe für die Serben, stehen den Kroaten jedoch sehr kühl gegenüber. Die Serben erwidern die Annäherungsversuche der Slowenen mit eisiger Zurückhaltung. In der Woiwodina spricht kein ungarischer Bauer mit seinem serbischen Nachbarn. Die Serben trauen keinem Mazedonier. Zwischen Albanern und Montenegrinern wütet seit Jahrhunderten Blutrache. Serbische und bosnische Mohammedaner trennt ein Meer von Blut und Tränen.« (Ernst Halperin: *Der siegreiche Ketzer, Heinemann. The Triumphant Heretic.*)

Eine andere fundamentale Schwierigkeit bestand darin, daß die verschiedenen Nationalitäten Jugoslawiens andere und gegensätzliche Begriffe davon hatten, was der neue Staat sein sollte. Der Krieg von 1914 wurde ausgelöst, weil ein unabhängiges Serbien ein österreichisch-ungarisches Ultimatum ablehnte. Es wurde zwar vom Feind überrannt, ging jedoch siegreich daraus hervor. Den Serben erschien es ganz natürlich, den neuen Staat als die Frucht dieses Sieges zu betrachten, als eine Vergrößerung Serbiens, worin die ehemals unterdrückten Völker dankbar für die Befreiung sein müßten. Aber was wäre den Kroaten und Slowenen – geschweige den Montenegrinern – unnatürlicher erschienen, die vorher unabhängig gewesen waren – als ein solcher Staat? Die Kroaten und Slowenen wollten einen neuen slawischen Staat und dachten nicht daran, einen serbischen Druck anstelle des österreichischen Drucks zu akzeptieren. Sie wollten nicht weiterhin unter einer engen, autokratischen, königlichen Diktatur leben. Von den Karageorgewitsch' statt von den Habsburgern unterdrückt zu werden, war für sie kein Fortschritt.

Die Situation wurde noch dadurch erschwert, daß die Slowenen und Kroaten zwar grollend österreichisch-ungarische kulturelle Maßstäbe akzeptierten, aber auf die Serben herabsahen. Diese rassischen, sprachlichen, nationalen, religiösen und wirtschaftlichen Unterschiede schufen zwischen den beiden Weltkriegen zersetzende Spannungen. Diese Spannungen kamen gelegentlich zum Ausbruch, und die Nationalsozialisten hatten es leicht, sie gegeneinander auszuspielen, den Staat aufzulösen, die Serben gegen die Kroaten, die Mazedonier gegen die Serben, die Katholiken gegen die Orthodoxen, die Reichen gegen die Armen aufzuwiegeln.

Das war der Moment, in dem Tito auf den Plan trat. Während des Kriegs lag ihm sehr viel daran, die Partisanen zu einen. Die Nazis waren ihre Hauptfeinde, aber nicht die einzigen. Tito war kein Chauvinist; er war Kommunist, ein loyaler und ergebener Anhänger Stalins. Er wollte nicht bloß ein Jugoslawien frei von Nazis; er wollte ein kommunistisches Jugoslawien. Es war eine schwere Aufgabe für ihn, sowohl gegen die Deutschen wie den Klassenfeind zu kämpfen; nationale Differenzen mußten um jeden Preis ausgerottet werden. Tito versprach allen die nationale Selbstbestimmung und schwor, daß es keiner jugoslawischen Nation erlaubt sein werde, eine andere zu beherrschen, zu unterdrücken oder auszubeuten.

Titos Nachkriegs-Jugoslawien schnappte sich – oder sagen wir, »gewann« – noch weitere Gebiete von Italien. Es ist jetzt der neuntgrößte Staat in Europa und umfaßt etwa 255 805 Quadratkilometer. Es hat sieben Nachbarn und ist größer als jeder einzelne von ihnen, mit Ausnahme Italiens (Österreich, Ungarn, Rumänien, Bulgarien, Griechenland und Albanien sind die kleineren). Das Land besteht – wie Tito es versprach – aus sechs autonomen, wenn auch nicht gleichmäßig fortschrittlichen und prosperierenden Republiken. Diese sind (in alphabetischer Reihenfolge): Bosnien-Herzegowina, Kroatien, Mazedonien, Montenegro, Serbien und Slowenien. Dalmatien, eine der bekanntesten Provinzen, ist keine unabhängige Republik, sondern gehört zu Kroatien. Serbien, die größte der Republiken, enthält auf seinem Territorium zwei autonome Regionen: die Woiwodina – mit einer ungarischen Minderheit von fast einer Million – und die Kosovo-Metohia-Region mit fast einer Million Albanier. Jugoslawien rangiert mit seiner Bevölkerungsdichte in Europa an achter Stelle. Mit anderen Worten: Jugoslawien gehört zu den mittelgroßen Ländern Europas.

Titos Erfolg besagt noch nicht, daß in Jugoslawien alles zum besten stünde, daß es friedlich und idyllischer wäre oder daß die nationalistischen und sprachlichen Differenzen tot und vorbei seien. Weit entfernt davon. Auf dieses Thema werde ich sogar zurückkommen müssen. Aber er besagt, daß Tito sein Bestes tut, um sein Versprechen zu halten; daß es ihm, soweit wie das möglich ist, gelingt, nationale und Stammes-Interessen zu vereinen; und da er Kroate (und sein Stellvertreter Kardelj Slowene) ist, genoß er anfangs mehr Vertrauen, als einem Serben zuteil geworden wäre.

Der Grundstein zu Jugoslawien wurde in den Wirren nach 1918 gelegt: der Staat bestand, ebenso die nationale Souveränität, die Mitgliedschaft beim Völkerbund und die nationale Armee. Aber Jugoslawien fehlte es an innerer Einigkeit, die auseinanderstrebenden Kräfte schienen stärker zu sein als die einenden, und zu manchen Zeiten waren Angehörige der Streitkräfte mehr daran interessiert, sich gegenseitig die Kehle durchzuschneiden, als die eines Feindes. Ante Pavelić, der kroatische Quisling und ein besonders widerlicher Lakai Hitlers, ließ ebenso viele Serben, wie Juden hinmetzeln. Nach dem Krieg waren es Tito und seine Freunde, die den Staat in eine Nation umwandelten und die Konglomeration von Serben, Kroaten, Slowenen, Mazedoniern, Bosniern, Dalmatinern – sogar Ungarn und Albaniern in seinem Grenzbereich – zu Jugoslawen machten. Ihm gebührt alle Anerkennung: denn diese buntscheckigen Scharen, diese kriegerischen Stämme, diese intriganten Sippen davon abzuhalten, einander an die Kehle zu springen, muß fast ebenso schwierig gewesen sein, wie Frieden in einer einzelnen Familie zu bewahren, die durch Blutsbande aneinander gefesselt ist. Ich frage mich, ob ihm das ohne die Hilfe seines mächtigen Bundesgenossen Joseph Stalin gelungen wäre. Der Beitrag dieses verstorbenen Staatsmanns für die Einigung Jugoslawiens mag ein Zufall gewesen sein; aber er war gewaltig.

Um auf den Anfangssatz dieses Kapitels zurückzukommen, so ist Tito *physisch* nicht unsterblich. Der verhältnismäßige Friede zwischen den verschiedenen Nationalitäten – wie immer er sein mag – beruht hauptsächlich auf seinem Prestige, seiner Autorität und der Achtung, die er gebietet. Man gewinnt den Eindruck, daß es nichts anderes ist als die Stille vor dem Sturm. Anwärter auf die Nachfolge beziehen Stellung für den Kampf, und lange Messer werden gewetzt. Hinter einigen der Anwärter stehen die Russen, darauf bedacht, ihren verlorengegangenen Einfluß zurückzugewinnen und Stalins Fehler gutzumachen. Einer ihrer mächtigsten Bundesgenossen sind die Spannungen, das Mißtrauen und der Haß, der unter den verschiedenen jugoslawischen Nationalitäten besteht. Gegensätze werden ausgenutzt, das Mißtrauen durch Flüsterpropaganda vertieft, und die Flammen des Hasses sorgfältig angefacht.

Nicht allein darin befolgen die Russen das Beispiel der Nazis. Wenn nach Titos Tod ein starker Mann, ein echter Staatsmann und Pro-Jugoslawe die Oberhand gewinnt und imstande ist, seine Autorität zu behaupten, wird alles gut gehen; oder zumindest könnte Jugoslawien imstande sein, den unvermeidlichen Sturm zu überstehen. Sollte Jugoslawien mit Titos Nachfolger weniger Glück haben, bekommen die Russen eine zweite Chance. Gewalt können sie nicht anwenden; gegen Gewalt werden Jugoslawen immer Widerstand leisten. Aber brudermörderische Abspaltungen könnten die Jugoslawen das verlieren lassen, was sie 1948 mit ihrer Tapferkeit gewonnen haben. In Spanien besteht eine ähnliche Situation: Höflinge, Offiziere und Politiker tragen ein Lächeln zur Schau, die Atmosphäre wirkt absolut friedlich, aber im Verborgenen zieht man schon Degen und Dolche. Und viele tausend Kilometer entfernt siecht Mao Tse-tung langsam dahin. Inzwischen betet in Jugoslawien der fanatischste Anti-Kommunist um das Leben des Marschalls und schreit mit echter Begeisterung: *Es lebe Tito!*

Tito – kein Titoist

Der Titoismus wurde nicht als Idee geboren, sondern entstand aus Versehen.

Der marxistische Kommunismus entstand als Idee. Ein deutscher Jude setzte sich hin und schrieb ein Buch, und weniger als hundert Jahre später entstand die Sowjetunion. Sogar Jugoslawien entstand aus einer Idee heraus. In der Atmosphäre Wilsonscher Grundsätze zerbrach man sich den Kopf, um eine Lösung zu finden, die alle Südslawen vereinigen, aber die Bulgaren, die zwar Südslawen *waren*, aber auf der falschen Seite gekämpft hatten, ausschließen sollte. Die Idee trug Früchte. Jugoslawien entstand. »Auf den Streit folgt die Ideologie«, erklärte mir ein britischer Diplomat. Wie recht er hatte. Er bezog sich auf Streitigkeiten wie die zwischen Heinrich VIII. und dem Papst, oder zwischen Tito und *seinem* Papst (um nur zwei Beispiele unter Tausenden zu zitieren). Die Reihe wurde durchbrochen, es entstanden die Anglikanische Kirche oder das Anti-Stalinistische Jugoslawien, und die nötigen Dogmen dafür wurden nachträglich im Eiltempo erfunden.

Ideologie ist ein Wort, das man in England nicht in den Mund nahm, aber in allen Ländern, die unter dem geistigen Einfluß Deutschlands standen, galt es als heilige Kuh. Wenn die Engländer von Verhaltensformen reden, sprechen sie von *Anständigkeit, Ehrlichkeit* und ähnlich vagen Begriffen. Wenn unbedingt Regeln hineingebracht werden müssen, dann geht man auf die Regeln des Sports zurück; ist etwas nicht »Cricket«, dann ist es unanständig; wenn ja, ist es annehmbar. Aber die Deutschen verachten solche primitive Verschwommenheit und erfanden den kategorischen Imperativ. Ihre Klarheit jedoch ist wesentlich nebulöser und undurchsichtiger als unsere Verschwommenheit. Jeder Schuljunge, Lehrer, Arbeitgeber, sogar Liebender, Geschäftsmann, Politiker oder jedes Gericht weiß, was Cricket ist und was nicht; aber wer weiß, was der *kategorische Imperativ* ist? Selbst unter den günstigsten Umständen kann man darüber streiten und ihn verschiedenartig auslegen. Und Auslegungen sind ebenso mannigfaltig wie die Interessen der Ausleger.

Jedoch die Völker, die germanisch-kulturellem Einfluß unterliegen (und dazu gehören unter einer Reihe von anderen auch die Russen und Jugoslawien), bestehen auf der Ideologie, auf der SCHRIFT. Die Schrift ist heilig; das Dogma unveränderbar. Wenn es nichts mehr taugt, muß eine neue Schrift verfaßt werden, die das Unveränderbare abändert und erklärt, daß *die neue Version die wahrhaft orthodoxe sei.*

Lenin änderte Marx und behauptete immer, daß er ihn lediglich auslege. Auf diese Weise kamen wir zum marxistischen Leninismus. Stalin ging gegen beide an – zertrat ihre Ideen und Wertmaßstäbe –, und mit dem Marx-Lenin-Stalinismus entstand die neue Heilige Schrift. (Das alles haben wir auch mit der ursprünglichen Heiligen Schrift erlebt.) Jetzt haben wir die Marxistisch-Leninistisch-Maoistische Version und eine Reihe anderer Abweichungen dazu.

Die Kommunisten des Westens tun Titoisten als rechts orientiert und nicht linientreu ab; chinesische Kommunisten behaupten dasselbe von den russischen Marxistisch-Leninistisch-Breschnewisten; *Doppel-Maoisten* (eine Sekte, die ich in Schweden antraf) tun

Mao als einen heuchlerischen, rechtsgerichteten Lakaien der Imperialisten ab. Ich, dreifacher Maoist, verwerfe die Doppel-Maoisten als gefährliche, konservativ geartete Reaktionäre. Niemand bezieht sich auf *Recht oder Unrecht* – nur auf die SCHRIFT, die bis zur Unkenntlichkeit verändert wurde. Breschnew besetzte 1968 die Tschechoslowakei mit der Begründung, daß sie vom wahren Pfad des Sozialismus abgewichen sei. Indem er das tat, rechtfertigte er nachträglich das amerikanische Abenteuer von Vietnam: die Vereinigten Staaten intervenierten, weil Vietnam vom wahren Pfad des Kapitalismus abgewichen war. Die SCHRIFT – die sich für jede Gelegenheit abändern läßt – ist das nützlichste Instrument sowjetrussischer Außenpolitik.

Tito tat als erstes, was er unter den gegebenen Umständen tun mußte, um zu verhindern, daß sein Land, nach dem Beispiel einer Reihe von ost- und mitteleuropäischen Staaten, zu einem Satelliten Rußlands wurde; danach – unter Wahrung der kommunistischen Struktur seines Staats – tat er das, was er für die Wirtschaft und das Wohl seines Volkes für das beste hielt. Aber solche Schritte, solche Ziele genügten nicht. Man mußte die Ideologie des Titoismus erfinden, und auch das genügte nicht. Man mußte beweisen, daß Titos Ketzerei in Wirklichkeit orthodox und Stalins Orthodoxie Ketzerei war. Oder, genauer gesagt, daß Stalins Vorstellung von Ketzerei, die bis dahin von Tito als orthodox anerkannt wurde, in Wirklichkeit Ketzerei war.

Der Konflikt zwischen Tito und Stalin ist lang und breit beschrieben worden. Stalin wollte Jugoslawien in der gleichen Weise beherrschen wie Usbekistan oder Polen; Tito wollte ein zwar loyaler, aber unabhängiger Bundesgenosse sein. Das war der einzige Unterschied zwischen ihnen.

Darin bestand nichts Ideologisches. Tito war in der Lage, Stalin zu trotzen und hatte das einmal während des Krieges getan, als Moskau ihm befahl, mit Michailowitsch zu kollaborieren. Aber abgesehen von diesem einen Versagen, war er Stalin sehr ergeben und in der ersten Zeit Jugoslawiens Mokaus treuester – und von uns aus gesehen – unangenehmster Satellit. In der Folge ergaben sich gewisse politische Differenzen zwischen Stalin und Tito. Stalin wollte eine Balkan-Föderation ohne Rumänien, Tito wollte Rumänien dabei haben. Der Bulgare Dimitrow unterstützte Tito anfänglich, widerrief aber seine Meinung. Trotzdem bekam er ein Staatsbegräbnis, als er unerwartet auf einer Reise nach Moskau starb, und wurde zu einem der Helden des Kommunismus erhoben.

Stalin befahl Tito, den griechischen Partisanen seinen Beistand zu entziehen, aber Tito – der, im Gegensatz zu Stalin, seine Verbündeten nicht treulos im Stich ließ – fuhr fort, die Griechen zu unterstützen und darüber hinaus Stalin daran zu erinnern, daß dieser ursprünglich auch Mao im Stich lassen wollte und, falls er das getan hätte, es keine siegreiche chinesische Revolution gegeben hätte. (Wahrscheinlich sagt heute Breschnew: »Und wie recht Stalin hatte!«) Der Mann, der in jenen Tagen bei den Kominform-Streitigkeiten eine führende Rolle spielte, war Shdanow. Obgleich er Stalins treuester Gefolgsmann und Lautstärkster der Anti-Tito-Brigade war, mußte er zu irgendeinem Augenblick sich falsch benommen haben, denn auch er starb unerwartet, bekam ein Staatsbegräbnis und wurde ebenfalls zu einem Helden des Kommunismus erhoben. (Acht Jahre später erfuhr er noch eine weitere Verwendung; angeblich war er von jüdischen Ärzten umgebracht worden.)

Die Jugoslawen glichen die hohen Gehälter russischer Zivil- und Militärberater den Gehältern ihrer eigenen Landsleute an, und Stalin betrachtete das als eine vorsätzliche Beleidigung (die es vermutlich auch war). Danach erhoben die Russen Anspruch darauf, Jugoslawien befreit zu haben, während die Jugoslawen – mit vollem Recht – unerhört stolz darauf waren, daß sie sich selber befreit hatten. Immerhin hatte Churchill Stalin dazu bewegen müssen, Tito volle Unterstützung zu gewähren, und eine britische Militärdelegation hatte bereits ein ganzes Jahr in Titos Hauptquartier zugebracht, ehe eine russische Delegation dort eintraf.

Die Jugoslawen waren empört, als die Russen die Stirn hatten, die minimalen Leistungen der ungarischen oder rumänischen kommunistischen Partei mit dem Widerstand der Partisanen zu vergleichen. Das waren alles taktische Fragen, von Ideologie war dabei keine Rede. Ideologie und Gegen-Ideologie wurden erst nach der berühmten Bukarester Resolution von 1948 hineingezerrt, als Jugoslawien von der Kominform ausgeschlossen wurde. Der Streit hätte vielleicht vorher beigelegt werden können. Aber Stalin wollte Tito eine Lehre erteilen. Aus Chruschtschows »Erinnerungen« erfahren wir, daß Stalin erklärt habe, er brauche nur den kleinen Finger zu heben und mit Tito wäre es vorbei. Er hob den kleinen Finger, hob alle zehn Finger, ballte die ganze Faust, brüllte, lief rot im Gesicht an, aber Tito wurde immer stärker.

Wer in diesem Streit recht oder unrecht hatte, ist gegenstandslos; daß aber ein Streit stattfand, ist von größter Bedeutung. Diejenigen, denen solche Dinge am Herzen liegen, debattieren seit Jahrhunderten – und werden es noch jahrhundertelang tun –, ob Martin Luther recht oder unrecht hatte. Den meisten von uns sind die feineren theologischen Unterschiede herzlich gleichgültig, aber es ist für uns alle von größter Bedeutung, daß es einen Martin Luther *gab;* daß er mit dem Papst gestritten hat und daß er eine Religion erfand, um seinen Streit zu untermauern.

Die historische Bedeutung des jugoslawischen Streits ist leicht zu erkennen. Stalins Niederlage gegen Tito war das Ende des Blockimperiums; zum erstenmal wurde es klar gemacht, daß es noch andere Wege zum Sozialismus gab, und Chruschtschows Besuch in Belgrad von 1955 hat das unterstrichen. Damit wurde auch das aufregendste Kapitel des Streits beendet. Der Ausbruch des Korea-Kriegs 1950 hatte die Alarmglocke geläutet; er zeigte, daß die Russen *unter Umständen* gegen etwaige Gegner Gewalt anwenden würden. Ihr Scheitern in Korea zerstreute diese Angst, aber erst Chruschtschows Besuch 1955 war für die Jugoslawen der ausdrückliche Beweis dafür, daß sie im Augenblick nichts zu fürchten hätten. Tito hatte gesiegt – aber jeder Sieg hat seinen Preis.

In modernen Kriegen gibt es keine Sieger, behauptet man heutzutage. Das bezieht sich gewöhnlich auf Großbritannien, das sich in einer schlimmeren Lage als manche seiner geschlagenen Feinde befindet. Ich finde, es wäre gerechter zu sagen, daß England einen furchtbaren Preis dafür bezahlt hat, im Kampf um die Rettung der freien Welt eine Zeitlang allein gestanden zu haben. Wir vergessen häufig, daß der Sieg nicht immer eine Katastrophe sein muß; daß eine der Siegermächte, die Sowjetunion, sich im vollen Genuß ihres Siegs befindet. Hingegen vermochte sie wohl mit ihren Feinden fertig zu werden, nicht aber mit ihren Verbündeten. Tito tat den ersten Streich; dann folgten viele andere – Ostdeutschland, Polen, Ungarn und vor allem China. (Tito hat Mao möglich gemacht und verdient von ihm mehr Dankbarkeit, als er erhält.) Solange die Sowjetunion viele Verbündete hat, haben ihre Feinde wenig zu fürchten.

Jedermanns Charakter und Schicksal wird durch die Beziehungen zu seinen Eltern geprägt und, wie schon früher erwähnt, ist Schicksal und Charakter jedes mitteleuropäischen Staats durch seine Beziehung zur Sowjetunion geprägt worden. Die Sowjetunion ist der Vater des heutigen Jugoslawien. Tito ist ein getreuer Kommunist; er wuchs mit der uneingeschränkten Bewunderung für Stalin und dessen Land auf; er lehrte sein Volk, den Namen des großen Mannes mit äußerster Ehrfurcht zu nennen. Dann, von einem Tag auf den anderen – denn die Bevölkerung Jugoslawiens ahnte nichts von den Schwierigkeiten innerhalb der Kominform – wurde der treue Sohn aus dem Elternhaus verbannt. Tito wurde als Hyäne, Verräter und Agent Amerikas diffamiert. Infolgedessen sprach die jugoslawische Presse gedämpft und mit sichtlicher Verlegenheit von den gleichen Rechten aller sozialistischen Staaten. Dann begann sie langsam gewisse bürokratische Ausschreitungen in Rußland zu geißeln – noch immer weit entfernt davon, Stalin selbst zu kritisieren. Wir wurden Zeuge einer erbärmlichen Farce im August 1948 – ein paar Wochen nach dem vernichtenden Schlag der Ausschließung – bei der Donaukonferenz in Belgrad. Die Jugoslawen wurden in ihrer eigenen Hauptstadt von der Sowjet-Delegation und ihren Satelliten geschnitten und mit äußerster Verachtung behandelt, dennoch stimmten sie getreulich mit dem Ostblock zusammen und manifestierten ihre Treue just für dasjenige Volk, das sie imperialistische Spione und Kettenhunde nannte. Sie stimmten gegen die Teilnahme der Westmächte an der Donaukonferenz – eine Tat, die sie heute vielleicht bedauern.

Titos Schwierigkeit war in erster Linie diejenige von Söhnen, die dazu getrieben werden, ihre Väter zu hassen: *er ähnelte seinem Vater.* Er war zwar immer ein viel zivilisierterer Mensch als Stalin, aber alles andere als ein Herzblättchen. Wohl fehlte ihm die Brutalität Stalins, jedoch war er ein Sohn des Systems: Jugoslawien war eine kleine Sowjetunion. Und niemand vermag seine ererbten Charakterzüge völlig zu verleugnen. In Jugoslawien ist, selbst heute, nur eine kleine Gruppe im Besitz der Macht; Jugoslawien ist noch immer eine totalitäre Diktatur, wenn auch eine verhältnismäßig sanfte; die kommunistische Partei spielt mehr oder weniger noch dieselbe Rolle wie in anderen kommunistischen Staaten, selbst wenn sie einen anderen Namen trägt; der Arbeiter-Rat (darauf wird noch näher eingegangen) ist nur scheinbar demokratisch: die Majorität beschließt zwar, aber die Majorität untersteht dem Druck, was sie beschließen darf. Und es bestehen noch immer die Einmütigkeit, die langweiligen Reden, die langweilige Presse, die Liebedienerei, das ganze Zubehör des Sowjet-Systems: Stalin wurde immer – nach dem erschreckten Schweigen der ersten Wochen – in streng stalinistischen Worten angeklagt.

Ketzer müssen in der gleichen widerlichen Art wie in Rußland widerrufen. Titos Sieg war nahezu vollständig, als Chruschtschow ihn besuchte und am Flughafen durch ihn gedemütigt wurde (das war nicht vorgesehen; Chruschtschow sagte in seiner Rede einige -törichte Dinge). Dennoch dürfte dieser Sieg keine reine Freude gewesen sein. Kein Mensch tritt gern seinen ehemaligen Abgott in den Staub; keiner demütigt wirklich gern seinen Vater und spuckt ihm gern vor seinen eigenen Kindern ins Gesicht. Und Papi war noch immer mächtig; Papi war reich; Papi vergaß nicht. Sein Nachfolger hätte vielleicht um Verzeihung gebeten, aber selbst er wird es Tito nie vergessen, daß er gezwungen wurde, um Verzeihung zu bitten. Und das letzte Kapitel dieses Streits ist noch nicht geschrieben worden. Es wird nach Titos Tod geschrieben werden. Tito ging nach 1948 als große internationale Gestalt hervor. In gewisser Hinsicht übertraf er an Bedeutung zwei andere Staatsmänner, die zu anderen Zeiten die Bühne beherrschten: de Gaulle und Dubcek.

Churchill pflegte während des Krieges von de Gaulle zu sagen, daß an allen Kreuzen, die er zu tragen hatte, das Kreuz von Lothringen am schwersten gewesen sei. De Gaulles Bestehen auf Unabhängigkeit war souverän, aber schwer zu ertragen. In ebenso kühner Weise verfuhr Tito. Er ließ die jugoslawische Armee durch die Amerikaner, ohne jede Gegenleistung, neu ausrüsten. Dafür konzedierte er keine militärischen Stützpunkte, unterzeichnete keine Verträge, machte keine wesentlichen Konzessionen und ließ keine ausländische Militärmission zu. Er nahm jede mögliche militärische und wirtschaftliche Hilfe verschiedener Westmächte an, und er diktierte die Bedingungen. Er übertraf sogar de Gaulle.

Zu einem späteren Zeitpunkt sprach Dubcek lautstark – und ganz überflüssigerweise – von einem »menschlichen Kommunismus«. Die Menschlichkeit des Titoschen Kommunismus ist um eine Nuance weniger menschlich als diejenige, die Dubceks gewesen wäre, aber er ist viel menschlicher als der russische. Und darin liegt eine weitere große Leistung Titos.

Drei Schritte nach rechts

Heutzutage stehen, nach Ansicht der meisten Beobachter, drei Hauptformen des Kommunismus dem kapitalistischen System gegenüber. Da ist in erster Linie das Sowjetsystem, das noch immer die führende Rolle spielt; Mao Tse-tung steht links, Tito rechts. Und wir, die sogenannten Kapitalisten, bilden die Gegenseite. Nach Ansicht eines der Beobachter (George Mikes – ein in Ungarn geborener Engländer) wäre es richtiger, zu sagen, daß drei Formen eines kapitalistisch-bürokratischen Systems – unser eigenes, Sowjetkommunismus und Titoismus – dem kommunistischen System gegenüberstehen, das unverfälscht allein von Mao vertreten wird. Natürlich ist das eine bewußte Vereinfachung. (*Übervereinfachung* ist ein dummes, abfälliges Wort, das selten sinngemäß angewendet wird; *Vereinfachung* ist ein Segen, es macht Begriffe anschaulicher und leichter zu erfassen.) Unser kapitalistisches System hat viele Nuancen, das US-System unterscheidet sich vom holländischen, das japanische vom portugiesischen; auch das Sowjetsystem besteht nicht mehr in Blockform, Ungarn unterscheidet sich von der Ukraine und Ostdeutschland von Rumänien. Schließlich und endlich hat auch Mao seine Titos. Dennoch trifft die obige Klassifizierung im wesentlichen zu; denn der Kommunismus – und im Augenblick wollen wir nur von der sowjetischen Form sprechen – ist viel näher an den Kapitalismus herangerückt, als beide Parteien wahrhaben möchten – ebenso wie es kaum einen Unterschied zwischen modernem Toryismus und Harold Wilsons Sozialismus gibt.

Solche Feststellungen lösen entweder Empörung aus oder werden mit überlegenem Lächeln oder einer ungeduldigen Handbewegung abgetan. Dennoch bleiben sie wahr. Vor den britischen Wahlen 1970 erklärten zahllose Zeitungsartikel, wie töricht diese Behauptung sei, und wiesen auf die großen und unüberbrückbaren Gegensätze zwischen Tories und Sozialisten hin. Aber 1792 bedurfte es keiner Zeitungsartikel, um auf den Unterschied zwischen dem französischen Terror und der Herrschaft Ludwig XVI. hinzuweisen, oder im Jahr 63 nach Christus zu betonen, daß das Christentum nicht identisch mit der alten Religion Roms sei; und selbst 1917 war es ziemlich klar, daß das neue russische System sich vom Regime des Zaren Nikolaus II. unterschied. Allein die Tatsache, daß 1970 so viele Kommentatoren soviel Worte darauf verschwendeten, um die Gegensätze zwischen den Parteien zu betonen, beweist, daß diese Gegensätze so geringfügig waren, daß sie betont werden mußten.

Das Unglück ist, daß Worte die gleichen bleiben, ihre Bedeutung jedoch sich verändert. Wir sprechen beispielsweise noch immer vom Kampf der Gewerkschaften gegen Ausbeutung, als lebten wir in einem anderen Zeitalter. Natürlich steht nicht alles zum besten; natürlich haben Arbeiter noch immer legitime Ziele; natürlich würden Arbeitgeber die Arbeitnehmer noch immer ausbeuten, wenn sie es könnten. Aber das können sie nicht. Heute sind die Gewerkschaften die privilegierteste Klasse im Land – privilegiert, das Gesetz zu brechen. Sie benutzen oft die Öffentlichkeit als Geisel, um ihre Gruppeninteressen zu verwirklichen, während ihre romantischeren Anhänger, glühend vor ehrlicher Empörung, Schlagworte aus dem neunzehnten Jahrhundert schreien und ziemlich kläglich wirken. Wir haben (1971) das Schauspiel, wo die Labour-Partei erbittert gegen ein Gesetz über die Beziehungen zwischen den Sozialpartnern opponierte, das sie ursprünglich selber durchsetzen wollte, aber ohne Erfolg. Kein Wortschwall oder Geschrei kann die Tatsache verhehlen, daß beide Parteien das gleiche allgemeine Ziel anstrebten. Und wenn die allgemeinen Ziele die gleichen sind, wenn die Tories an den Wohlfahrtsstaat gebunden und die Sozialisten gezwungen sind, die Gewerkschaften zu bekämpfen, was bleiben da noch für Unterschiede? Nuancen, natürlich; und die verbrieften Interessen der Parteien: schließlich wird keine von beiden sich für überflüssig halten oder sich selbst auflösen. Und was äußerst wichtig ist – es gibt zwei verschiedene Parteiorganisationen und zwei verschiedene Gruppen von Menschen, die auf Amt und Macht Anspruch erheben.

Und wenn Konservatismus und Sozialismus sich *innerhalb* einzelner Staaten angenähert haben, so ist das auch *zwischen* Staaten geschehen. Der moderne Kapitalismus wäre den Nationalökonomen des 19. Jahrhunderts als verdammenswert erschienen; kleinere Unternehmen befinden sich zwar noch in Privathand, aber die großen sind öffentliche Gesellschaften, und der einzelne Aktienbesitzer hat keinerlei Mitbestimmungsrecht an der Leitung einer Gesellschaft, er ist weitgehend eine Null.

Hohe Besteuerung hat dem Privatbesitz schwer zugesetzt, Erbschaftssteuern machen das Weiterreichen großer Vermögen fast unmöglich; unter dem gemeinnützigen Druck des Sozialismus haben wir den Wohlfahrtsstaat errichtet, und sogar in Ländern, wo der Ausdruck »Wohlfahrtsstaat« Entsetzen auslöst, wird der einzelne durch den Staat in einer Weise unterstützt, die vor einem Jahrhundert undenkbar gewesen wäre. Auf der anderen Seite der Barrikade, in Osteuropa, gibt es ebenfalls kleine Unternehmen in Privathand; der einzelne – die »Arbeiter« und das »Volk«, denen angeblich *alle* Unternehmen gehören – haben sogar noch weniger

Mitbestimmungsrecht an ihrer Leitung als kapitalistische Aktionäre; und die Besitzunterschiede sind dort ebenso offenkundig wie hier.

In den dreißiger Jahren gab es in der Sowjetunion »proletarische Millionäre«, und die Kluft zwischen reich und arm ist in Rußland noch schlimmer als in Portugal und Venezuela. Wir, hier drüben, sagen, daß die Börse und der Konkurrenzkampf wesentlich seien; sie, dort drüben, behaupten, daß der Marxismus-Leninismus – so interpretierbar wie die Bibel – geheiligt sei. Nur die Chinesen versuchen – im Augenblick nicht sehr erfolgreich – etwas wirklich anderes einzuführen. Aber selbst dieser Versuch, wirklich anders zu sein, hat – wenn man an die späten zwanziger Jahre in der Sowjetunion denkt – das Betrübliche eines *dé jà vu.*

Es gibt eine Form von Staatsbürokratie, die sich Kapitalismus nennt und eine andere Form von Staatsbürokratie, die sich als Kommunismus bezeichnet. Sie unterscheiden sich gerade so weit voneinander, um sich zu bekämpfen, aber der eigentliche Gegensatz besteht in der altmodischen nationalistischen Rivalität zwischen Großmächten – die gleiche, die Elisabeth von England von Philip von Spanien trennte, oder die Hethiter von den Phrygiern.

Ein einigermaßen intelligenter Erwachsener interessiert sich für zwei Aspekte eines »Systems«, egal unter welcher Flagge es segelt: für allgemeinen Wohlstand und Freiheit. Er verlangt, daß kein Mensch in Armut lebe und wünscht ein gewisses Maß an Freiheit für den einzelnen, damit sich die Künste entfalten können und – wichtiger noch – ein Regimewechsel ohne Blutvergießen möglich ist. Der Kapitalismus als solcher verbürgt gar nichts: unter ihm können Menschen (siehe Indien) entsetzlich arm sein und ebenso schwer unterdrückt, wie sie es im nazistischen Deutschland waren, und sind es in einer Anzahl kapitalistischer Staaten noch heute. Aber in kapitalistischen Staaten *können* die Menschen einigermaßen wohlhabend und *können* verhältnismäßig frei sein. Zumindest ist der Kapitalismus nicht unvereinbar mit Freiheit.

Die USA und England sind keine idealen Gesellschaften – weit entfernt davon –, aber es lebt sich dort viel besser, sogar für den, der ihn ablehnt – ja, ganz besonders für ihn –, als in Spanien, Guinea oder Albanien. Vor kurzem hörte ich in ein und derselben Nachrichtensendung, daß eine Familie mit fünf Kindern aus ihrer Wohnung ausgewiesen – auf die Straße gesetzt – worden sei, weil sie nicht imstande war, fünf Shilling die Woche mehr Miete zu zahlen – sowie, daß ein Velasquez-Porträt für weit über zwei

Millionen Pfund verkauft worden sei. In dem unvermeidlichen Fernseh-Interview sagte der auf die Straße gesetzte Vater, daß fünf Shilling (keine zwei DM) eine riesige Summe sei; der Käufer des Velasquez' erklärte, daß das Bild verhältnismäßig billig gewesen sei. An einem System, das derartige Diskrepanzen zuläßt, ist zweifellos etwas faul. Auch können wir nicht auf *irgendein* System hoffen, das in kurzer Zeit wesentliche Verbesserungen bietet. Verbesserungen menschlicher Verhältnisse haben sich stets langsam und allmählich vollzogen und haben immer eigene, unerwartete und unvermeidliche neue Schwierigkeiten mit sich gebracht. Aber wie schon gesagt, in unserem nicht allzu attraktiven System *läßt sich* zumindest ein gewisses Maß an sozialer Gerechtigkeit mit einem bißchen Freiheit vereinigen.

Hingegen ist die sowjetkommunistische Praxis entmutigend. Der Staat wird von einer Minderheit regiert und Freiheit ist ein unvorstellbarer Luxus. Keine Minderheitsregierung kann sich Freiheit leisten, weil freie Wahlen jene Minderheitsregierung hinwegfegen würden. Die Diktatur des Proletariats ist stets die Diktatur eines Klüngels von Bürokraten gewesen, im Namen sozialer Gerechtigkeit und des Fortschritts. Die Kommunisten haben in der Tat das Recht, gewisse Erfolge für sich in Anspruch zu nehmen. Die Feudalsklaven Ungarns sind beispielsweise verschwunden, und die schlimmste Armut ist ausgemerzt worden. Es gibt keine barfüßigen Bauern mehr. Nichtsdestoweniger ist in den meisten Ländern der Kommunismus als Wirtschaftssystem ein katastrophaler Mißerfolg, die Menschen leben schlecht, haben weder Freiheit noch Verbrauchsgüter, weder Rechte noch harte Währung.

Mao ist weit weg – in Zentralasien, nicht in Mitteleuropa –, also will ich von ihm nicht mehr reden. Aber meine Ausführungen über die gegensätzlichen Systeme in Europa waren notwendig, um meine Hauptthese zu belegen: Jugoslawien, das sich als kommunistischer Staat bezeichnet, ist eine echte Brücke zwischen kapitalistischer Staatsbürokratie und kommunistischer Staatsbürokratie. Es ist vom russischen System abgewichen, ohne das westliche System zu übernehmen. Es liegt in der Mitte. Man kann nicht bestreiten, daß es als Land besser, glücklicher, freier und reicher ist als die Sowjetunion oder irgendeiner ihrer Satelliten; und man kann ebensowenig bestreiten, daß jede Verbesserung *von einem Schritt nach rechts* begleitet war – in die Richtung des westlichen Systems. Untersuchen wir einmal kurz die drei wichtigsten Schritte nach rechts.

Tito dezentralisierte seine Wirtschaft, soweit es ihm möglich war, und führte in der gesamten Industrie, ja in das gesamte Leben Jugoslawiens die Selbstverwaltung der Arbeiter ein. Über dieses Experiment ist sehr viel geschrieben worden, sowohl dafür wie dagegen, aber die Quintessenz davon ist sehr einfach.

Im Sowjetsystem hat jede Fabrik ein Soll zu erfüllen – sie muß beispielsweise 100 000 Fässer im Jahr herstellen. Wenn sie nur 90 000 herstellt, hat sie versagt, der Direktor wird gefeuert oder zum Saboteur erklärt. (Vor nicht langer Zeit wurde er als Volksfeind oder feindlicher Agent erschossen.) Wenn dagegen die Fabrik 110 000 Fässer produziert, ist alles in Ordnung. Es werden Lobreden gehalten, in der Presse erscheinen prächtige Artikel, die Arbeiter werden als Helden des Sozialismus gepriesen, und der Direktor bekommt das kommunistische Äquivalent eines Adelsprädikats. Es ist völlig egal, ob die Fässer so minderwertig sind, daß sie nach einem Monat die Keller mit Wein oder Essig überschwemmen. Es ist völlig egal, ob 100 000 Fässer überhaupt gebraucht werden. Die Verteilung ist Aufgabe einer anderen Gesellschaft, und die Sorge eines anderen Direktors. Es ist egal, ob eine Überproduktion an Fässern besteht, dagegen ein schwerer Mangel an Kisten – dem dieselbe Fabrik abhelfen könnte. Solange sie ihre 100 000 Fässer im Jahr produziert, ist alles in Ordnung und sind alle zufrieden (mit Ausnahme der Leute, die schlechte Fässer statt guten Transportkisten erhalten, die sie in Wirklichkeit brauchten). Diejenigen, die in der Sowjetwirtschaft die höchsten Gehälter beziehen, sind die Polit-Kommissare und Aufpasser der Partei.

Die Jugoslawen hatten die welterschütternde und originelle (allerdings wenig leninistische und noch weniger stalinistische) Idee, Produktion und Verbrauch zu koordinieren. Sie stellten die Fässerfabrik unter eigene Regie. Sie ist noch immer öffentlicher Besitz, und kein privater, kapitalistischer Ausbeuter ist je auf der Bildfläche erschienen. Aber wenn für 100 000 Fässer kein Bedarf besteht, dann müssen sie statt dessen Kisten produzieren; wenn sie schlechte Ware produzieren, dann geht diese an *sie* zurück (und nicht an eine ihnen unbekannte Verteilergesellschaft). Wenn die Fabrik floriert und viel Geld einbringt, dann steigen Gehälter und Löhne – jeder bekommt seinen Anteil am Überschuß; wenn sie schlecht geht, verdient jeder weniger. Wenn die Fabrik dauernd mit Verlust arbeitet, *kann* sie durch den Staat gerettet werden, muß aber nicht, und kann dann in der altmodischen kapitalistischen Weise in Konkurs gehen. Politische Informanten und Parteileute werden als überflüssig ausgeschaltet – und so kommt bei dieser Methode noch das schöne hinzu, daß die einzigen Leute, die zu Geld kommen, die sind, die hart arbeiten und es wahrhaft verdienen. Das Unternehmen wird durch den Arbeiterrat geleitet, der von sämtlichen Arbeitern gewählt wird; und Direktoren (ihr Äquivalent eines Vorstands) können durch den Rat entlassen werden; zugleich aber darf kein gewöhnlicher Arbeiter ohne Wissen und Zustimmung des Rats entlassen werden.

Produktionspläne, Verkauf und andere Fragen werden durch den Vorstand beschlossen und wichtigere Schritte durch sämtliche Arbeiter. Unternehmen können aufgelöst werden; sie können ihre Produktion umstellen; sie können fusionieren. Sozialistische Angebote, einen Betrieb zu übernehmen, werden ebenso heftig diskutiert wie kapitalistische, nur daß keine Aktien steigen oder fallen, weil es eben keine Aktien gibt. Notwendig ist lediglich, daß die Generalversammlungen der interessierten Gesellschaften – mit anderen Worten, eine Majorität *sämtlicher* Arbeiter und Beamter, die es angeht – den Wunsch äußern, sich zusammenzutun und sich über Einzelheiten zu einigen. Das klingt wie absolute Demokratie, ist es jedoch nicht. Die eigentliche Entscheidung liegt bei den Direktoren, und diese stehen oft unter politischem Druck von oben, wie die Entscheidung zu lauten habe. Dennoch hat ein jugoslawischer Arbeiter bei der Leitung seines Unternehmens viel – und mehr – mitzureden als ein kapitalistischer Aktionär bei der Leitung einer öffentlichen Gesellschaft.

Die Frage des Nationalismus, die so viele Probleme in Jugoslawien aufwirft, macht sich natürlich in der Industrie bemerkbar. In manchen Industrien ist die *Größe* ein entscheidender Faktor: je größer, desto besser. Dennoch hat Jugoslawien (um nur ein Beispiel zu nennen) zwei verschiedene Systeme der Erdölraffinerie – ein serbisches und ein kroatisches –, die im ganzen Land wie verrückt miteinander konkurrieren: sogar in Serbien und Kroatien. Es besteht keine Hoffnung auf einen Zusammenschluß; im Gegenteil, es ist viel wahrscheinlicher, daß slowenische, bosnische und montenegrinische Erdölgesellschaften entstehen werden; schließlich sind nationale Rechte geheiligt. Ebenso ist es schwierig, alle wichtigen Posten mit den besten Männern zu besetzen. Wie in Österreich während der Koalitionsregierung, wo ein Sozialist durch einen Sozialisten und ein Mitglied der Volkspartei durch ein anderes Mitglied der Volkspartei ersetzt werden mußte, *muß* auch in Jugoslawien ein Serbe durch einen Serben ersetzt werden, selbst wenn ein Kroate weit geeigneter wäre. (Um keinen Entrüstungssturm auszulösen, beeile ich mich, hinzuzufügen, daß man die Namen von Nationalitäten beliebig austauschen und abwandeln kann.)

Die Russen verdammen zwar dieses System, und natürlich haben sie ein Interesse an seinem Scheitern. Einige Westeuropäer loben es, betonen aber, daß es noch nicht weit genug geht. In Wirklichkeit leidet es unter einigen Kinderkrankheiten und ist noch längst nicht vollkommen. Der orthodoxe Kommunismus ist zwar älter, jedoch funktioniert er nicht so gut; orthodoxer Kapitalismus ist noch um einige tausend Jahre älter und in vieler Hinsicht ebenfalls nicht einwandfrei; die Jugoslawen experimentieren mit etwas Neuem, das funktioniert. Es knarrt, es ächzt, es hapert noch – aber es funktioniert und wird laufend verbessert. Jugoslawische Unternehmen – die alle staatseigen sind – führen Werbekampagnen, konkurrieren miteinander und prozessieren sogar häufig gegeneinander. Der jugoslawische Arbeiter kann sich nicht damit zufriedengeben, ein Soll zu erfüllen, das in einer fernen Zentralbehörde festgelegt wurde, und er kann nicht die Achseln zucken, wenn die Ware, die seine Fabrik produziert, nichts taugt; und ebensowenig kann er leichtherzig streiken. Streiks sind ohnehin ungesetzlich, aber ein jugoslawischer Streik wäre kein bloßes Erpressungsmanöver gegen die Öffentlichkeit oder einen Arbeitgeber, sondern schlägt auf den Arbeiter zurück.

Also funktioniert das System wirklich; die Menschen sind im großen und ganzen zufrieden und stolz darauf, etwas Neues und Kluges erfunden zu haben. Das System funktioniert sogar mit der Zeit immer besser. Das Wirtschaftswachstum ist befriedigend (auch die Inflation nimmt ebenso zu wie in den fortschrittlicheren Ländern). Die Jugoslawen haben Erfolg, weil sie diejenigen Elemente des Sozialismus übernahmen, die gemeinnützig sind – es gibt keinen Ausbeuter oder kapitalistischen Besitzer –, und weil ein paar kluge Kerle unter ihnen auf die umwerfend neue Idee gekommen sind, der *Profit* heißt. Für Profit zu arbeiten – immer mehr Geld haben zu wollen – ist höchst unleninistisch, scheint aber außerordentlich menschlich zu sein. Eine menschliche Schwäche, die wir seufzend anerkennen müssen.

Eine andere geniale und originelle Entdeckung, die Titos Leute machten, war, daß nicht sämtliche Ausländer Spione sind, und selbst wenn sie es wären, spielte das keine Rolle. Es gibt wenig, was heutzutage noch auszuspionieren wäre. Alle großen – und kleineren – Mächte kennen ohnehin die wichtigsten gegenseitigen Geheimnisse, also was macht es schon, wenn ein paar 100 000 Spione oder potentielle Spione ins Land kommen, um geringfügige Geheimnisse herauszuquetschen, solange sie viel Geld hereinbringen? Mit anderen Worten, Jugoslawien war das erste kommunistische Land, das den Tourismus entdeckte; und ist heute – verdientermaßen – eines der führenden Touristenländer Europas.

Das Land ist außerordentlich schön. Als eines der nächsten – und gewiß billigsten – Mittelmeerländer hat es eine äußerst günstige Lage. Es hat blaue Meere, herrliche Strände, bezaubernde Inseln, zerklüftete Küsten. Es wimmelt von anmutigen venezianischen Bauten, wie auch von zahllosen Kurorten und Heilquellen, während es in der herben Gegend des Karstes auch noch Kalkklippen und viele Höhlen gibt. Höhlen haben für viele Menschen eine unwiderstehliche Anziehungskraft, und Jugoslawien ist reich an tiefen, dunklen Höhlen. Chruschtschow schrieb, daß er die Schönheit der Krim für unübertrefflich gehalten habe, bis er die dalmatinische Küste sah. Einige Gegenden sind ein bißchen überentwickelt – der Strand von Dubrovnik im August gleicht dem Straßenpflaster der Oxford Street vor dem Warenhaus C & A vor dem Januarausverkauf. Andere Gegenden sind hoffnungslos unterentwickelt. Die Jugoslawen bauen, entwickeln und lernen; inzwischen wissen sie über Hotelführung Bescheid, obzwar man gelegentlich hereinfällt.

Ich fand das führende internationale Hotel in Zagreb ziemlich furchtbar. Es ist amerikanisch – und seine Preise desgleichen. Unzählige Pagen in farbenfreudigen Uniformen bedienen die Drehtüren, herrliche Kronleuchter hängen von den Decken, und man versinkt bis ans Knie in den Teppichen. Aber es hat keine Klimaanlage, und Zagreb kann recht heiß sein; und man findet, im Preis sollte auch eine Klimaanlage enthalten sein. Die Zimmer sind geräumig und die Sessel luxuriös. In meinem Zimmer stand ein riesiger Fernseher, der nicht funktionierte; ich hatte ein wirklich schönes, rosa gekacheltes Badezimmer, und das Wasser war immer heiß, außer morgens; das Telefon war außer Betrieb, und es gab ein höchst dürftiges und nichtssagendes Frühstück wie im Claridge. Das Zimmer war ein Schwitzkasten, der mitten in einem Güterbahnhof lag – Güterzüge fuhren beinah am Fußende meines Betts vorbei –, und da Jugoslawien wirtschaftlich floriert, war der Güterverkehr sehr lebhaft.

Dieses Hotel war eine Ausnahme; die meisten Hotels sind gut und verhältnismäßig billig, obwohl die Preise rapide steigen und man erkennt, daß es in der Touristen-Industrie Momente geben muß, wo die Preise dem Gebotenen davonlaufen. Die Jugoslawen haben eine Schwäche dafür, ihre wirklich teueren Hotels in der Nähe von Güterbahnhöfen zu bauen. In dem besten Hotel von Belgrad schlief ich beinah auf den Schienen (ansonsten war nichts daran auszusetzen). Mir wurde gesagt, daß a) die andere Seite des Hotels völlig ruhig sei und b), daß der Bahnhof in ein bis zwei Jahren verlegt werden würde. Ein tröstlicher Gedanke, aber weniger tröstlich für jemanden, der auf dieser Seite des Gebäudes und in diesem Jahr dort schlafen wollte.

Der Tourismus hat für Jugoslawien wahre Wunder vollbracht. Er bringt jährlich hunderte Millionen von Dollars herein und ist eine der wichtigsten Industrien des Landes. Dalmatien war früher eines der ärmsten Gebiete, heute ist es eines der reichsten. Jugoslawien hat zwar seine Schwierigkeiten: der Tourismus erfordert enorme Investitionen und bietet vielen Menschen nur Saisonarbeit, aber er hat sich als Segen erwiesen. In gewissem Sinn hat Tito den stalinistischen Orthodoxismus gegen den kapitalistischen Tourismus eingetauscht und hat keinen Anlaß, den Tausch zu bereuen.

Der Tourismus ist übrigens eines der Wunder unserer Zeit. Er vermag alle Wirtschaftsprobleme der Welt zu lösen. Von den Bewohnern gewisser nahöstlicher Länder wurde früher unfreundlich gesagt, sie lebten davon, daß sie sich gegenseitig die Wäsche stahlen. Wissenschaftler erklärten, daß das ökonomisch unmöglich sei. Aber die Wissenschaftler waren wieder einmal im Irrtum. Diese Methode ist – wie der Tourismus beweist – durchaus möglich. Der Wohlstand der Nachkriegszeit mag im Abflauen begriffen sein, aber das Geschäft der Reisegesellschaften blüht. Die Leute fahren zwar nach Jugoslawien, aber auch die Jugoslawen fahren immer zahlreicher ins Ausland. Es scheint wirklich keine Rolle zu spielen, wie reich Leute sind: solange selbst unbemittelte Leute die gegenseitigen Länder besuchen können, können sie den gegenseitigen Wohlstand erhalten. Das ist eigentlich *das Mikes-Gesetz des Wirtschaftszuwachses: allseitige Armut kann – wenn sie richtig gepflegt wird – allseitigen Wohlstand produzieren.*

Über Titos dritten Streich nach rechts sprechen die Satelliten noch immer abfällig. Es war in der Tat ein Verzweiflungsschritt, und Tito mußte seinen Stolz überwinden, um ihn zu wählen. Ich meine damit seinen Entschluß, jugoslawischen Arbeitern die Erlaubnis zu geben, ins Ausland zu gehen, zuerst nach Deutschland und danach in die Schweiz. »Daß ein kommunistisches Land das erlaubt…«, sagte mir kopfschüttelnd ein hoher ungarischer Beamter. Nach diesem Ausspruch schwieg er, als fehlten ihm die Worte. Ein kommunistisches Land muß anscheinend seine Arbeiter in Armut zu Hause behalten und die Tatsache verhehlen, daß Arbeitslosigkeit herrscht. Erst recht darf ein orthodox kommunistisches Land nicht zulassen, daß freizügig Grenzen passiert und Berichte in Umlauf gebracht werden, daß die bösen Kapitalisten einen viel höheren Lebensstandard haben.

Da Tito aber unter einem günstigen Stern geboren und von der Kominform ausgeschlossen worden war, ließ er das Unglaubliche zu, und dieser Verzweiflungsschritt hat für die jugoslawische Wirtschaft mehr getan, als die sorgfältigsten, wohlüberlegtesten Planungen vermocht hätten.

Als die Arbeiter Serbien und Kroatien verließen, rückten Bosnier und Mazedonier nach, um an ihre Stelle zu treten. Mit anderen Worten, in dem Augenblick, da Jugoslawen in reichere Nachbarländer auswanderten, begannen Menschen aus den ärmeren Teilen Jugoslawiens in die wohlhabenderen Gebiete zu ziehen (die noch immer arm genug waren, um viele ihrer eigenen Leute ins Ausland zu schicken). Diese innere Umsiedlung wird kaum je erwähnt. Die große wirtschaftliche Kluft zwischen den verschiedenen jugoslawischen Republiken ist ein wunder Punkt, an den niemand gern rührt. Die Auswanderung von Arbeitern half der Arbeitslosigkeit ab – und das ist das erste positive Ergebnis von Titos Entschluß.

Weniger augenfällige folgten. Die Jugoslawen sind im Ausland sehr beliebt und erwecken in Deutschland, der Schweiz, Österreich und so weiter viele Sympathien für ihr Land.

Wie bereits erwähnt, ist es in München oftmals leichter, ein gutes jugoslawisches Essen zu bekommen als ein bayerisches. Wann immer man in Jugoslawien in einem winzigen, abgelegenen Dorf einen großen deutschen Wagen sieht, kann man sicher sein, daß er keinem deutschen Touristen gehört, sondern einem jugoslawischen Installateur, Kellner, Gastronomen oder Fabrikarbeiter, der sich auf Besuch aus Zürich oder Düsseldorf daheim befindet. Und – jetzt kommt der springende Punkt – diese Jugoslawen im Ausland schicken laufend harte Währung nach Hause, die ihr Land enorm bereichert. Ausländische Touristen sind eine der größten Devisenquellen; aber Jugoslawen, die im Ausland leben, übertreffen sie noch. Jugoslawische Arbeiter, die im Ausland leben, bringen mehr Geld ins Land, als der Tourismus – und das will viel heißen. Viele Auswanderer kehren in großen Wagen heim: nicht nur zu Besuch, sondern um zu bleiben: sie eröffnen Geschäfte oder Hotels, kaufen Land und genießen einen viel höheren Lebensstandard als früher, dank ihrem ausländischen Abenteuer.

Tito mag, nach der marxistischen Bibel, nach rechts abgewichen sein, aber es ist ihm gut bekommen. Sein Land ist ein kommunistisches Land, und er hält an seinem Glauben fest. Aber er hat den Thesen Lenins über die Kapitalisten noch einige eigene hinzugefügt:

1. Wenn man sie nicht schlagen kann, so schließe man sich ihnen an.
2. Jedes kommunistische Land hat Kapital viel nötiger als jedes kapitalistische Land den Kommunismus nötig hat.
3. Das Ziel jeder wahren proletarischen Revolution besteht in der Abschaffung von Proletariern – indem man sie wohlhabend macht.

Der Hauptzweck des jugoslawischen Experiments ist, den Beweis zu erbringen, daß Demokratie ohne politische Parteien möglich ist. Diese These ist noch längst nicht bewiesen; Tito erstrebt die Quadratur des Kreises und hat sich bisher darin sehr gut bewährt. Jedoch merkt er in mancher Hinsicht nicht, daß er damit zu viel Erfolg hat.

Den richtigen Zeitpunkt abzupassen, ist einer der wichtigsten Faktoren aller menschlichen Leistung. Der überragende Erfolg von heute hätte gestern ein Mißerfolg sein können und morgen ein Schlag ins Wasser. Die Tugend von heute hätte vorige Woche ein Verbrechen und es morgen abermals sein können. In der McCarty-Ära wurden tapfere und ehrliche Amerikaner – die lange vor Amerikas Eintritt in den Krieg gegen Hitler opponierten – als »vorzeitige Antifaschisten« verfolgt. Oder kommen wir wieder auf Jugoslawien zurück. Man nehme den Fall von Andrija Hebrang und Streten Zujovic. Diese beiden (ich gebe nur einen knappen Umriß ihrer komplizierten Geschichte wieder) opponierten vor dem Bruch mit der Kominform gegen Jugoslawiens völlig wirklichkeitsfremden, größenwahnsinnigen Fünf-Jahresplan. Sie kamen als Saboteure in Haft. Zujovic wurde nach einigen Jahren freigelassen – nach dem Bruch natürlich – und mit Entschuldigungen rehabilitiert; aber Hebrang starb im Gefängnis. Jeder gibt heute zu, daß die beiden Männer das Richtige gesagt hatten; aber sie sagten es zu früh. Sie waren vorzeitige Titoisten.

Milovan Djilas ist ein weiteres Opfer, weil er seiner Zeit voraus ist. Ein Held des Partisanenkriegs, ehemaliger Vizepräsident des Staats, früherer intimster Freund Titos und einer der hervorragendsten Köpfe Jugoslawiens, kommt er immer wieder ins Gefängnis, unter anderem wegen seiner offenen Kritik an dem Regime. Einmal war er sogar bereit, sich zu demütigen und seine sogenannten Verbrechen zu widerrufen, aber seine Wahrhaftigkeit erwies sich als zu stark: er vermochte nicht mit einer Lüge zu leben und mußte sich zu seinen wahren Ansichten bekennen. Ob Djilas recht oder unrecht hat, spielt keine Rolle: er ist ein natürliches Produkt des Titoismus. Er spürte und begriff die wesentlichen guten Elemente des Titoismus und reagierte darauf; er erkannte, daß, wenn der Titoismus auch nicht unvereinbar mit Diktatur sei, er zumindest *vereinbar mit Demokratie ist.*

Er erhob seine Stimme, aber er erhob sie zu früh. Ein vorzeitiger Demokrat. Djilas wäre in der Sowjetunion oder Ostdeutschland völlig undenkbar. Er ist kein Feind Titos; er ist eine der rühmlichsten Gestalten des Titoismus. Hoffen wir, daß er sich als ein Zujovic und nicht als ein Hebrang erweist.

Wie man blockfrei wird

»Auf den Streit folgt die Ideologie.« Dieser Ausspruch gilt ebenso für die Außenpolitik. Nach dem Bruch von 1948 war Tito wütend und fest entschlossen, aber auch verstört und verwirrt. Seine alten Freunde kehrten ihm den Rücken und spuckten ihm ins Gesicht – obwohl das bei zugekehrtem Rücken nicht ganz einfach ist. Tito konnte sich unmöglich dem Westen zuwenden – zumindest nicht so bald – und dadurch die Behauptungen erhärten, daß er ein imperialistischer Agent, ein Spion und ein Hyäne sei. Also schwankte er eine Zeitlang zwischen beiden Gruppen hin und her und wußte nicht recht, was er tun sollte.

Dieses Schwanken wurde allmählich zu einer Politik; es bekam einen Namen, wurde zur Ideologie erhoben, und man arbeitete strenge Spielregeln aus.

Der Name, auf den man verfiel, hieß *Block-Freiheit.* Jugoslawiens Hauptziel in jenen schwierigen Zeiten, die es glücklich überstand, war die natürliche Erhaltung seiner Unabhängigkeit. Der ursprüngliche Gedanke war, sich keiner der beiden Großmächte zu verschreiben. Aber später, als sich das Klima zugunsten Jugoslawiens änderte und beide Seiten es zu umwerben begannen, wurde deutlich, daß in dieser Block-Freiheit weit mehr steckte, als zu vermuten gewesen war.

Die Hauptregeln sind die folgenden:

1. Block-Freiheit ist nicht nur eine Politik, sondern ein Lebensunterhalt. Mit etwas Geschick und Klugheit – und Tito war mit beidem reichlich gesegnet – kann man sehr gut davon leben.

2. Man benimmt sich wie eine altmodische, kokette aber tugendhafte Französin der neunziger Jahre: man zwinkert, man lächelt, man schließt mit leidenschaftlichem Seufzen die Augen, man wirkt unerreichbar, man zeigt gelegentlich das Knie, aber man geht nie mit jemandem ins Bett. Oder nur sehr, sehr selten.

3. Bei jedem gegebenen Disput nimmt man sich nur gegenüber seinen Freunden, nicht aber seinen Gegnern etwas heraus. Denn die Freunde können einen nicht fallenlassen oder erlauben, daß man sich auf die Gegenseite schlägt; wenn man aber bei seinen Gegnern Hoffnungen erweckt (kokett lächelt, die Knie zeigt usw.), werden sie beträchtliche Anstrengungen machen, einen weich zu machen und auf ihre Seite hinüberzuziehen.

4. Block-Freiheit bedeutet vieles. Ein jugoslawischer Diplomat klagte bei mir bitterlich über den Zynismus der Welt: »Es wird immer an der Reinheit unserer Absichten gezweifelt und unterstellt, daß wir Machtpolitik betreiben.« Nach der bisherigen Weltgeschichte zu urteilen, können reine Absichten und Selbstlosigkeit in der Außenpolitik nicht als selbstverständlich vorausgesetzt werden, so daß der erwähnte Zynismus vielleicht verzeihlich ist.

5. Alle blockfreien Mächte sind blockfrei, aber manche sind es mehr als andere. Manche stehen einer bestimmten Machtgruppe näher als andere. Eine ganze Reihe fühlt sich als Blockfreie sicherer, wenn sie fest mit einem Block verbunden sind.

6. Obwohl Block-Freiheit vieles bedeutet, so bedeutet es fast nie echte Block-Freiheit. Manche Länder (wie zum Beispiel Algerien) interpretieren den Begriff, wie sie sagen, mit *radikal*. Die Block-Freiheit dieser Gruppe bedeutet, daß dem Befreiungskampf ehemaliger Kolonial-Länder jede erdenkliche Unterstützung gewährt wird. Um es etwas klarer auszudrücken, ihre Block-Freiheit ist nur ein anderes Wort für Block.

7. Jugoslawiens Block-Freiheit bedeutet, daß es ebenfalls in den

nahöstlichen Konflikt auf Nassers Seite verwickelt war. Tito empfand für Nasser eine tiefe persönliche Zuneigung und Bewunderung – sie hatten zuviel miteinander gemein, um einander nicht zu bewundern. Es gibt nichts, was man in einem anderen mehr bewundert als die eigene Größe. Diese eigentümliche Interpretation nahöstlicher Block-Freiheit wurde mir von einem der wichtigsten Fachleute für Block-Freiheit geboten: »In diesem Fall mußten wir eine Ausnahme machen, weil wir gegen eine russische Expansion in jenen Regionen sind.«

Ich stutzte, versicherte mich, daß ich ihn richtig verstanden hatte und sagte: »Aber wenn Sie gegen eine russische Expansion sind, müßten Sie doch gegen ihre pro-arabische Politik sein, die ihnen mehr Einfluß, mehr Stützpunkte, mehr Kolonialmacht im Mittelmeer gibt. In diesem Fall müßten Sie doch Israel unterstützen.«

Er lächelte überlegen, als wollte er sagen: wie naiv doch Laien sein können! »Keineswegs. Wir glauben, daß, je länger der Konflikt dauert, um so mehr die Russen davon profitieren werden. Es liegt in unserem Interesse, daß er so rasch wie möglich ein Ende findet.«

Das macht es deutlich. Block-Freiheit bedeutet in diesem besonderen Fall nicht nur, daß man seinem Gegner hilft, seine Ziele zu verwirklichen, sondern auch, sie schnell zu verwirklichen.

Dies verwirrende Durcheinander sollte jeden davon überzeugen, daß Block-Freiheit glänzend funktioniert. Mit Jugoslawiens Außenpolitik ist alles in Ordnung. Rußland war – und ist – sein Hauptproblem. Ihre Beziehungen haben hin und her geschwankt. Nach Stalins wilder Wut erlebten wir Chruschtschows Canossa-Gang. Die ungarische Revolution hatte Tito anfänglich erschreckt: das Schauspiel, daß ein kommunistisches Regime durch einen Volksaufstand gestürzt wurde, gefiel ihm nicht. Aber noch weniger gefiel es ihm, als die Russen Panzer einsetzten, um gegen die Tito-ähnliche Abweichung vorzugehen. Das ist Titos größte Angst und das ist der Grund, warum der russische Einmarsch in die Tschechoslowakei ein furchtbarer Schock war, der neue Spannungen und neues Mißtrauen zwischen den beiden Ländern wachrief. Nichts wäre für Tito entsetzlicher als die Breschnew-Doktrin, die militärische Besetzung in Fällen rechtfertigen will, wo ein Land vom orthodoxen russischen Kommunismus abweicht, der ja die Möglichkeit verschiedener Wege zum Sozialismus versperrt. Die Jugoslawen hatten Angst, daß die Russen die Gelegenheit ergreifen könnten, auch *ihre* Grenze 1968 zu überschreiten. In diesem

Fall hätten die Jugoslawen mit Waffengewalt Widerstand geleistet. Sie wären geschlagen worden – aber die russischen Armeen wären mit einem anhaltenden, harten Partisanenkrieg konfrontiert worden, welcher der Welt gezeigt hätte, daß die Russen die legitimen Nachfolger der Nazis seien. Oder ein Luftangriff – vielleicht auf Sarajewo – hätte vielleicht einen neuen Weltkrieg ausgelöst.

Die Russen fielen schließlich doch nicht in Jugoslawien ein; aber ihr Einmarsch in die Tschechoslowakei hatte in jenen Gegenden breite Nachwirkungen. Jugoslawien schloß sich enger an Rumänien an – ein weiteres kommunistisches Land mit einer unabhängigen, oft anti-russischen Außenpolitik. Rumänien ist bis zu einem gewissen Grad ebenfalls ein blockfreies Land. Obwohl russischer Satellit, möchte es ebenfalls das Gleichgewicht zwischen den *drei* Machtgruppen bewahren: es hieß Präsident Nixon in Bukarest willkommen und bemüht sich, in freundschaftlicher Beziehung zu Mao zu bleiben. Auch Albanien hat furchtbare Angst vor einem möglichen Einmarsch der Russen und möchte jetzt das Kriegsbeil begraben und das Geschrei gegen Jugoslawien einstellen. Eine Verbesserung der Beziehungen zu Albanien bedeutet eine Verbesserung der Beziehungen zu China. Titos Beziehungen zu Italien – einst ein unversöhnlicher Feind wegen Triest und Istrien – sind ausgezeichnet. Auch mit Ungarn und dem Westen steht Jugoslawien auf gutem Fuß. Es freut sich über die ost-westliche Annäherung und ist zufrieden, wenn etwa Westdeutschland und Polen sich vertragen – solange sie sich nicht zu gut vertragen, in welchem Fall Jugoslawiens Block-Freiheit viel von ihrer Bedeutung verlieren würde.

Ende der vierziger Jahre stand Jugoslawien mit seiner Block-Freiheit allein da. Aber heute hat sich Block-Freiheit zu einer Weltbewegung entwickelt: zu einer buntscheckigen Menge, die mehr als die Hälfte der Vertreter bei den Vereinten Nationen umfaßt. Sie sind eine neue Macht; ein neuer Block. Manche sagen, ein neuer Macht-Block. Sie halten ihre Sitzungen ab und versuchen, ihre Ansichten auf einander abzustimmen. Die Behauptung, daß sie einen neuen Macht-Block bilden wollten, mag unberechtigt sein: sie haben keine militärische Macht und ihre Organisation hängt noch loser zusammen als die des britischen Commonwealth. Es besteht wenig Gefahr, daß die Blockfreien jemals Druck auf die großen Machtgruppen ausüben und eine Tyrannei über uns andere errichten werden. Aber sie protestieren ein bißchen zuviel dagegen, daß sie nach Macht strebten. Denn sie streben nach Einfluß, und Einfluß bedeutet Macht. Ich glaube jedoch – mit einigem Vorbehalt –, daß diese Macht sich für einen guten Zweck verwenden ließe.

Sind wir komisch?

»Sind wir komisch?« fragte mich der Professor auf einem Spaziergang durch die schönen Barockstraßen des alten Ljubljana. Er lehrte etwas sehr kompliziertes Technologisches an der Ljubljanaer Universität und war ein seriöser Mann. Er warf mir einen schrägen Blick zu. Seine Stimme klang besorgt und – obwohl er ein milder und sanfter Mensch war – leicht aggressiv.

»Ich weiß nicht genau, was Sie meinen, Professor«, erwiderte ich vorsichtig. »Wer sind *wir*?«

»Sind wir, die Jugoslawen, komisch als Nation?«

»O nein«, entgegnete ich höflich. »Natürlich nicht.«

Er ging in nachdenklichem Schweigen neben mir her.

»Dann müssen Sie von uns enttäuscht sein«, sagte er entschuldigend.

»Aber natürlich nicht. Erstens bin ich nicht hergekommen, um eine humorige Karikatur zu entwerfen. Zweitens habe ich dennoch sehr viel Amüsantes gesehen.«

»Sehr viel Amüsantes, ja«, und jetzt klang es beunruhigt, »aber Sie sagten, als Nation seien wir nicht komisch.«

»Nein. Als Nation seid Ihr nicht komisch.«

Ich blieb stehen, um ein wunderschönes, schmiedeeisernes Tor zu bewundern, mit einem reizenden Hof dahinter, aber der Professor, der mich bisher auf jeden besonderen Ziegelstein aufmerksam gemacht hatte, interessierte sich nicht dafür.

»Würden Sie sagen, daß die Deutschen komischer sind?«

»Wesentlich komischer.«

»Und die Italiener?«

»Man kann sie eigentlich kaum miteinander vergleichen.«

»Und die Griechen? Würden Sie sagen, daß selbst die Griechen komischer sind?«

Ich wollte nicht zu grausam erscheinen: »Nein. Ich würde sagen, daß die Griechen etwa ebenso komisch sind wie die Jugoslawen.«

»Nicht *weniger* komisch?« fragte er hoffnungsvoll.

»Nein, nicht mehr und nicht weniger.« Meine Stimme klang ungewöhnlich fest und endgültig.

Wir gingen weiter, um noch ein paar mehr von den schönen Häusern, Kirchen, Toren und Höfen anzusehen – er kehrte zu seiner Rolle des gewissenhaften und beschlagenen Führers zurück –, dann führte er mich in einen Garten. Wir kamen an einer Anzahl imponierender Statuen vorbei – furchterregende Gestalten mit martialischen Gesichtern, und gelangten zu einigen kleinen runden Tischen mit reizendem Blumenschmuck. Wir setzten uns und bestellten Heidelbeersaft, und er bestand darauf, ihn zu bezahlen.

»Wissen Sie eigentlich«, fragte er, sobald der purpurne Saft gebracht wurde, »daß Serbisch und Kroatisch praktisch ein und dieselbe Sprache sind? Serbisch wird mit kyrillischen Buchstaben geschrieben – da es seit Jahrhunderten unter dem Einfluß der griechisch-orthodoxen Kirche gestanden hat –, und Kroatisch mit lateinischen Buchstaben. Es gibt natürlich geringe Unterschiede – aber nur sehr geringe. In der Tat so gering, daß *einige* kroatische Dialekte dem serbischen näher sind als dem Schrift-Kroatisch.«

»Ja«, nickte ich vage, weil ich keine Ahnung hatte, worauf er hinaus wollte.

»Dennoch sind alle Versuche, die beiden Sprachen zu einen, gescheitert. Ja, noch schlimmer – Serbisch und Kroatisch wurde lange Zeit Serbo-Kroatisch genannt. Aber die Kroaten wollen davon nichts mehr wissen. In kroatischen Gebieten heißt heute die Sprache Kroato-Serbisch.«

»Ja«, sagte ich, noch vager als zuvor.

»Ist *das* nicht komisch?« fragte er triumphierend.

»Höchst amüsant«, stimmte ich ohne echte Wärme zu. Anschließend fragte ich: »Und was ist mit *Ihrer* Sprache, dem Slowenischen?«

»Die unsere ist eine selbständige, slawische Sprache«, erwiderte er mit hochmütiger Verachtung, »sie hat weder mit Serbo-Kroatisch noch Kroato-Serbisch etwas zu tun.«

Jetzt fand ich *seine* Einstellung komisch, konnte das aber höflichkeitshalber nicht sagen.

»Begreifen Sie die mazedonische Frage?« sagte er.

Da kein lebender Mensch – und übrigens auch kein toter – die mazedonische Frage begreift oder je begriffen hat, machte ich keine Ausnahme.

»Die Mazedonier sind auf drei Länder verteilt. Die Bulgaren erklären sie für reinblütige Bulgaren und behaupten, daß ihre Sprache ein bulgarischer Dialekt sei; wir behaupten, daß sie eine jugoslawische Nation sind; die griechischen Offiziere – und sämtliche griechischen Regierungen – bezeichnen sie als Griechen slawischer Abkunft.«

»Ich bin in Mazedonien gereist«, sagte ich, »und weiß, daß die Mazedonier den Stand einer Nation anstreben – mit vollem Recht – daran finde ich gar nichts komisch.«

»Die Mazedonier sind bekannt dafür, daß sie keinen Humor haben.«

Sie sind ein stolzes, tapferes, wildes, aber freundliches und freigebiges Volk; außerdem sind sie arm und rückständig, und vielleicht ist ein Sinn für Humor nicht eine ihrer hervorstechendsten Eigenschaften. Auch finden sie es nicht besonders komisch, daß die Störenfriede des Kremls, wann immer sie Jugoslawien erpressen wollen, ihre bulgarischen Satelliten anspornen, die mazedonische Frage ins Treffen zu führen.

Der Professor sah mich an und fuhr dann fort: »Wissen Sie eigentlich, daß Jugoslawien *zwei* Alphabete, *drei* Religionen, *vier* Sprachen, *fünf* Nationalitäten und *sechs* Republiken hat?«

»Aber ich weiß auch, daß es ihm trotzdem gelingt, *ein* Land zu bleiben«, erwiderte ich.

»Sie reden wie Tito«, sagte er ungeduldig, dann, weil er wahrscheinlich glaubte, zu weit gegangen zu sein, setzte er einschränkend hinzu: »Oder zumindest wie Kardelj.«

»Meinetwegen auch Kardelj, er ist Slowene wie Sie!«

Er nippte an dem purpurnen Saft.

»Wissen Sie, daß sogar die neuentdeckte Einrichtung des *week-end* zu einem nationalen Problem geworden ist und Schlimmes befürchten läßt? Kroaten – die Autos besitzen, und das sind ganz viele – kommen zu uns nach Slowenien, weil Slowenien viel schöner ist als Kroatien.«

»Und was ist mit Dalmatien?« unterbrach ich ihn.

»Dalmatien ist Dalmatien, auch wenn es zur Republik Kroatien gehört. Außerdem ist Dalmatien zu weit entfernt, um zum Wochenende hinzufahren. Also kommen sie zu uns, und das verletzt den Stolz vieler Kroaten. Sie sagen, unsere Frauen seien schöner, viel freundlicher und vorurteilsfreier.«

»Aber ist das nicht – wie so viele andere Probleme – ein Wirtschaftsproblem? Ärgern sie sich nicht einfach, daß ihr Geld hier ausgegeben wird? Daß gute kroatische Dinare nach Slowenien importiert werden?«

»Vielleicht«, sagte der Professor. »Aber wir können nichts dafür, daß unser Land schöner und unsere Frauen reizvoller sind.«

94

»Das ist alles ganz schön«, sagte ich jetzt, weil ich fand, daß er nicht immer recht haben sollte, »aber ist es nicht wahr, daß 92 000 Slowenen in Zagreb leben, während nur wenige Kroaten herkommen, um sich hier niederzulassen? Zum Wochenende schon; aber um hier zu leben – nein. Ja, ist es nicht wahr, daß noch immer jährlich 10 000 Slowenen nach Zagreb ziehen und daß die *slowenische* Bevölkerung Kroatiens jedes Jahr mehr zunimmt als die *gesamte* Bevölkerung Sloweniens?«

»O ja, das stimmt.«

»Und ist es nicht ebenfalls wahr, daß eine Elf-Kilometer-Strecke der neuen Autobahn, die zwischen Kroatien und der Steiermark gebaut wird, überhaupt nicht fertig wird? Die Slowenen – habe ich mir sagen lassen – weigern sich, sie fertig zu bauen, weil diese Straße die Bedeutung der jetzigen großen Straße, die durch Slowenien führt, verringern würde. Und ihr wollt, daß Menschen und Waren aus Österreich durch Ljubljana kommen – und nicht auf direktem Weg nach Kroatien? Ist *das* wahr?«

»Allerdings.«

»Und ist es nicht ebenfalls wahr«, sagte ich, »daß kroatische Regimenter eingesetzt werden müssen, um diese Straße fertigzustellen, weil die Slowenen sich als Meister der Verschleppung erwiesen haben? Was sagen Sie dazu, Professor?«

Er seufzte. »Ich sage Ihnen, daß Sie mich total mißverstanden haben. Ich wollte ja nicht etwa beweisen, daß wir Slowenen besser sind als die anderen. Sondern gerade, daß auch wir nicht besser sind. Unser Gespräch wurde hauptsächlich deshalb auf slowenisch-kroatischer Ebene geführt, weil ich mit diesen Fragen vertrauter bin. Aber man kann diese Dinge von jedem anderen Gesichtspunkt aus erörtern – die Bosnier und Mazedonier sind ebenso schlimm, die Montenegriner und Albanier noch schlimmer, und die Kroaten natürlich am allerschlimmsten. Ich frage Sie lediglich: Haben Sie je von irgendeinem anderen Land oder Staat gehört, der aus mehreren Nationalitäten besteht, die sich alle untereinander nicht leiden können?«

»Haben Sie, Professor, von einem Land gehört, das Vereinigtes Königreich heißt? Haben Sie je von der Vorliebe der Schotten für die Engländer gehört? Oder der Begeisterung der Walliser für die Engländer? Oder der Iren für die Gesamtheit?«

»Vereinigtes Königreich?« murmelte er. »Das ist Britannien.«

»So können Sie es ebenfalls nennen«, bejahte ich ungern, da ich schon immer ein Pedant gewesen bin.

»Und würden Sie sagen, daß sogar die *Briten* komischer sind als wir?«

»Unvergleichlich viel komischer.«

Er nahm eine Zigarette heraus und steckte sie an, seine erste während des ganzen Nachmittags.

»Ich weiß, daß wir eine kleine Nation sind«, sagte er nachdenklich, »und ohne große Bedeutung; vielleicht haben wir nur wenig große Helden; vielleicht fehlt es uns an hervorragenden Eigenschaften; ich weiß, daß wir arm sind. Aber wir *sind* komisch.«

Ich schüttelte energisch den Kopf.

»Ihr seid in mehr als einer Beziehung eine große Nation. Eure Nachkriegsgeschichte hat euch außerordentlich bedeutend gemacht. Euer Präsident ist einer der Helden dieser Epoche. Ihr besitzt hervorragende Eigenschaften: Ihr seid tapfer, phantasievoll, fanatisch und unabhängig und dennoch sehr tolerant. Euer Wohlstand nimmt zu. Aber komisch seid ihr nicht.«

Er saß und paffte lange schweigend an seiner Zigarette, dann sagte er:

»Schicken Sie mir kein Exemplar Ihres Buches.«

Ich versprach, ihm keins zu schicken.

Fanatische Toleranz

Trotz der Gegensätze innerhalb des Staats gibt es in eine Nationaleigenschaft, die Jugoslawien von allen anderen Nationen unterscheidet. Oder genauer gesagt: nicht nur eine einzige Nationaleigenschaft, sondern eine merkwürdige Kombination von zwei scheinbar unvereinbaren Charakterzügen: eine fanatische Unabhängigkeitsliebe mit einem erstaunlichen Maß an Toleranz.

Beide Eigenschaften ließen sich zu dieser oder jener Nationalität in Jugoslawien zurückverfolgen und durch deren Geschichte und Traditionen erklären. Aber man darf wohl sagen, daß inzwischen sowohl die Liebe zur Unabhängigkeit wie zur Toleranz eine jugoslawische geworden ist – im Gegensatz zu einer serbischen, kroatischen usw. Die berühmte Toleranz knarrt zwar gelegentlich, platzt fast aus den Nähten und droht zu explodieren. Nichtsdestoweniger entspricht meine Feststellung, trotz solcher Ausnahmen, im allgemeinen der Wahrheit.

Der Jugoslawe hat einen fanatischen Unabhängigkeitsdrang, in erster Linie auf privater Ebene. Er läßt sich nicht herumkommandieren; er ist nicht unterwürfig, er will nicht gefällig sein; aber er ist auch weder anmaßend noch selbstbewußt. Er hat keinen Minderwertigkeitskomplex – er betrachtet sich einfach als ein Mensch wie jeder andere. Er handelt lieber nach seinem eigenen Urteil. Ich gehe nicht soweit, zu behaupten, daß ein jugoslawischer Kellner einem *nie* das bringt, was man bestellt hat. Manchmal tut er es sogar. Aber häufig handelt er – in unserem ureigensten Interesse –, wie er es für richtig hält und bringt das, was er für einen gut befindet.

Viele Beamte sind, wenn man sie aufsucht, nicht in ihrem Büro: Es wäre unvereinbar mit ihrem fanatischen Unabhängigkeitsdrang, den ganzen Tag in einem muffigen Zimmer zu sitzen. Ich jagte tagelang vergeblich hinter zwei Beamten her, deren Kollegen mir sagten, sie seien nicht da. Soviel hatte ich schon selber gemerkt. Es wurde höflich, aber ohne Zusatz mitgeteilt. Keine Entschuldigung; keine Begründung; keine vage Vermutung, daß die Beamten vielleicht in fünf Minuten oder fünf Stunden zurück sein würden. Sie waren nicht da. Sie waren fanatische individualistische Jugoslawen und zogen es vor, nicht da zu sein.

Dieser Unabhängigkeitsdrang geht wohl gelegentlich und in geringfügigen Dingen zu weit. Aber geringfügige Dinge sind symptomatisch für große. Die Klimaanlage meines Belgrader Hotelzimmers war ausgefallen, und ich meldete das dem Portier. Er sagte mir, ich bekäme ein anderes Zimmer – statt des bisherigen 416 das Zimmer 520. Ich wollte meine Sachen dorthin mitnehmen, aber er sagte, das würde alles für mich erledigt werden. Ich brauche nach meiner Rückkehr lediglich in das neue Zimmer zu gehen. Ich wollte mir die neue Zimmernummer – 520 – einprägen, aber er schrieb sie mir freundlicherweise auf eine kleine Karte. Bei meiner Rückkehr, spät in der Nacht, fand ich im Zimmer 520 nichts von meinen Sachen vor. Interessanterweise waren sie auch im Zimmer 416 nicht zu finden. Man entdeckte sie am anderen Morgen: der Hausdiener hatte beschlossen, sie über Nacht unten zu behalten. In meinem eigensten Interesse. Er hielt es für sicherer. Er war ein ungeheuer unabhängiger Jugoslawe und handelte nach eigenem Ermessen. Als er erfuhr, daß ich ohne Zahnbürste und Pyjama auskommen mußte, lachte er laut und fand das sehr komisch. Nach diesem Umzug – von Zimmer 416 nach 520 – erhielt ich fünf Tage lang weder Bestellungen, Telefonanrufe noch Post. Niemand konnte mich erreichen, und die Leute beklagten sich, daß ich zu Zeiten, für die Telefonanrufe ausgemacht worden waren, nicht zu erreichen gewesen sei. Ich dagegen beklagte mich, daß ich in meinem Zimmer gesessen und auf Anrufe gewartet hatte, die nie gekommen waren. Es stellte sich schließlich heraus, daß der Mann vom Empfang meinen Umzug gar nicht notiert hatte, so daß meine sämtliche Post nach Zimmer 416 ging und alle Anrufe für mich in dieses Zimmer durchgestellt wurden, das – da die Klimaanlage kaputt war – leer stand. Aber der Mann vom Empfang war – wie man mir zu verstehen gab – ein fanatisch unabhängiger Jugoslawe, der es mit seiner nationalen Ehre und Menschenwürde unvereinbar fand, kleine Notizen auf kleine Zettel zu kritzeln, nur weil ich mein Zimmer gewechselt hatte.

Diese Liebe zur Unabhängigkeit manifestierte sich auch auf wichtigeren und ernsteren Ebenen. Vor dem Krieg war Jugoslawien einer der rückständigsten Staaten Europas. Die Kommunisten haben das zwar in großem Umfang geändert, aber erst 1952 hörte die Landwirtschaft auf, der wichtigste Zweig ihrer Wirtschaft zu sein. Nach dem Krieg erklärte Jugoslawien – sich dem Vorbild Rußlands anschließend –, daß »das Land denen gehört, die es bestellen«. Das bedeutet, vom russischen Standpunkt aus, daß das Land denen, die es bestellen, weggenommen wird und die Bauern in Kolchosen gezwungen werden. Kolchosen haben überall versagt (man denke an Stalins Säuberungen, an Chrutschschows katastrophale Schwierigkeiten, an die Reihe von Mißerfolgen in allen Satellitenstaaten usw.), und Jugoslawien war keine Ausnahme. Die jugoslawischen Bauern lehnten diese Reglementierung fanatischer – und erfolgreicher – als andere ab, so daß heute nur fünfzehn Prozent des Bodens Kolchosen gehören; der Rest – mehr als zweieinhalb Millionen Höfe – wird von einzelnen Bauern bestellt.

Es wäre übertrieben, zu sagen, daß Jugoslawien, wie es behauptet, seine landwirtschaftlichen Probleme gelöst hätte. Kein Land und kein System – ob kommunistisch, kapitalistisch, faschistisch, syndikalistisch oder anarchistisch wird jemals Landwirte oder Bauern zufriedenstellen. Für sie sind es nie die richtigen Subventionen, die richtigen Ernten, die richtigen Preise, ist es nie das richtige System, die gerechte Politik, das richtige Wetter und der richtige Gott. Aber jugoslawische Bauern sind vielleicht so zufrieden, wie man es von Bauern erwarten kann. Und selbst wenn die Methoden des Ackerbaus etwas rückständig sind, bekommt das Land die nötigen Lebensmittel und kann sogar einiges davon, seinen Slibowitz und seinen Wein, exportieren. Einen Schönheitsfehler jedoch gibt es darin: der alte und arbeitsunfähige Bauer erhält keinerlei Rente oder staatliche Hilfe, was in einem sozialistischen – oder jedem anderen Staat – ein Skandal ist.

Auch in der Industrie funktioniert kommunistische Reglementierung nicht unbedingt. In kleinen Betrieben dürfen bis zu fünf Mann beschäftigt werden, und diese Zahl soll auf zehn erhöht werden. Man kann sich durchaus vorstellen, daß Leute lieber unabhängig bleiben und selbständig arbeiten. Mehrere hunderttausend Menschen sind privat angestellt und – hier spielt die jugoslawische Toleranz eine Rolle – der Staat hat nichts dagegen. Die Regierung weiß, daß gewisse Dienste besser von einzelnen oder kleinen Betrieben ausgeführt werden.

Ihre fanatische Liebe zur Unabhängigkeit manifestiert sich vor allem in ihrem gegenseitigen, brüderlichen Haß aufeinander. Die Serben mißtrauen den Kroaten und können sie nicht leiden, wie umgekehrt; die Bosnier sind immer bereit, fast jeden zu bekämpfen; die Montenegriner – weiß Gott keine Weichlinge – sind ebenfalls die Zielscheibe vieler Witze. Und endlos so weiter. Aber sollte ein Ausländer oder Fremder sich etwa unterstehen, sich einzumischen, dann wird Jugoslawien zu einer geeinten Nation und bietet notfalls der gesamten Welt Trotz. Niemand darf ihnen befehlen; niemand darf sich in ihre Verwaltung einmischen; ebenso wenig wie ein Gaststättenbesitzer einen Kellner herumkommandieren darf.

Die Russen lernten ihre Lektion im Jahre 1948. Während der Spannungen zwischen Jugoslawien und der Kominform wandte Rußland fortgesetzte Erpressung an. Russische Panzer wurden zusammengezogen und führten an der jugoslawischen Grenze, zuerst in Ungarn, dann in Bulgarien, dann in Rumänien, sogenannte »Übungen« aus. Aber jedesmal standen – wenn auch noch so wenige und ziemlich angeschlagene – jugoslawische Panzer bereit, sie zu empfangen. Und wenn keine Panzer verfügbar waren, wurden die Russen von Artillerie und Infanterie erwartet. Stalin wußte, daß er, wenn er in Jugoslawien einzufallen versuchte, mit bewaffnetem Widerstand rechnen mußte. Zwanzig Jahre später wußte Breschnew das gleiche.

Nach der Besetzung der Tschechoslowakei erregte sich der Balkan ein paar Tage lang heftig über die Frage: würden die Russen – fragte man sich – der ganzen Albernheit der Breschnew-Doktrin entsprechen, die behauptete, daß Rußland berechtigt sei, Gewalt anzuwenden, um, was es Sozialismus nannte, zu erhalten, und diese Ausrede gebrauchen, um rumänische und selbst Titos Kompromißlosigkeit aus der Welt zu schaffen? Wieder einmal waren die Jugoslawen zum Kämpfen bereit. Ich kritisiere nicht die Tschechoslowaken dafür, daß sie kein Blutbad provozierten und – womöglich – die Welt in einen neuen Krieg stürzten. Ich registriere nur die Tatsache, daß sie keinen Widerstand leisteten, während die Jugoslawen zum Kämpfen bereit waren. Dazu sind sie immer bereit. Sie würden gegen jeden kämpfen – gegen Russen, Chinesen, Amerikaner – gegen jeden.

Titoismus ist vorwiegend der Ausdruck für diese fanatische jugoslawische Unabhängigkeitsliebe, basierend auf dem Erfolg des Partisanenkriegs, der an sich die Folge der gleichen fanatischen Entschlossenheit war (unterstützt durch geeignetes Gelände).

Jedoch ist die Hitzköpfigkeit der Jugoslawen, ihre Halsstarrigkeit, ihre flammende Leidenschaftlichkeit merkwürdig vereinbar mit Mäßigkeit und Toleranz. Das ist eine einmalige Kombination. Es gibt in dieser Welt viele gewalttätige Nationen und Stämme (etwa den gesamten afrikanischen Kontinent, von den Arabern über die neuen schwarzen Republiken bis zu Süd-Afrika), aber sie ahnen nicht, was Toleranz bedeutet; oder man denke an die toleranten Briten oder Holländer, die, wiewohl sie ihre Freiheit ebenso schätzen wie jeder andere, kaum als fanatisch, ungestüm oder aufbrausend zu bezeichnen sind.

Mir fiel auf, wie anständig sich die Jugoslawen zu den ungarischen Minderheiten benahmen. Viel anständiger als es vor 1914 die Ungarn mit den Kroaten hielten, und unvergleichlich viel anständiger als es heute die Rumänen zu den Ungarn sind. Die Städte haben ihre alten ungarischen Namen behalten. Der ungarische Name für Nowi Sad war *Uwjidek,* und dieser Name wird sowohl privat wie in der Öffentlichkeit gedruckt und gesprochen benutzt. »Nun, das ist der ungarische Name dafür«, sagen die Serben und würden sich nie einfallen lassen, dagegen zu protestieren. Ebensowenig wie die Österreicher es täten, wenn die Engländer ihre Hauptstadt *Vienna* statt Wien nennen. Oder die Italiener dagegen, daß wir ihr *Firenze* Florenz nennen. Aber sollte sich jemand unterstehen, den alten Namen *Kolozswar* statt *Chuj* zu benutzen, würden die Rumänen das gleichsam als Hochverrat betrachten. In Osijek gibt es ein altes ungarisches Kriegerdenkmal zur Erinnerung an Soldaten, die im Kampf *gegen Jugoslawien* fielen, und man hat es stehen lassen. Ungarische und albanische Fahnen dürfen ungehindert neben der jugoslawischen verwendet werden. All die vielen Nationalitäten in der Woiwodina – sogar kleine Gruppen wie die

Slowaken und Rumänen – dürfen ihre eigene Sprache pflegen und ihre eigenen Zeitungen haben. Sartre – wie einige meiner ungarischen Freunde stolz betonen – wurde in Nowi Sad auf Ungarisch publiziert, jedoch in Ungarn verboten. Das gilt auch für viele andere Autoren. Die jugoslawische Toleranz führt gelegentlich zu höchst lächerlichen Ergebnissen. Viele ungarische Bauern behandeln ihre serbischen Nachbarn mit einer Ungeduld, die an Verachtung grenzt; sie waren vor den Serben da, behaupten sie, betrachten sie noch immer als Eindringlinge und weigern sich, ihre Sprache zu lernen. Wenn die Serben mit ihnen reden wollen, so sollen sie ungarisch lernen, sagen sie. Und diese tun es. Ungarisch ist eine der anerkannten, offiziellen Sprachen der Region von Woiwodina, und jeder serbische Beamte, der mit der Öffentlichkeit zu tun hat, muß Ungarisch lernen. Im Parlament von Woiwodina wird jede Rede simultan in *fünf* andere Sprachen übersetzt, was insgesamt sechs Sprachen ergibt. Woiwodina schlägt die UNO um Längen.

Während des Kriegs verübten die kroatischen Ustaschis unvorstellbare Greuel an den Serben. Die Barbarei dieser Massaker entsetzte sogar die SS – die nicht gerade empfindlich war. Aber auf seiten der Serben gibt es wenig Rachegefühle. Das Unverzeihliche ward verziehen – oder zumindest nicht einer ganzen Nation angelastet. Es *besteht* zwar ein Antagonismus zwischen Serben und Kroaten, der auf gegensätzlichen Wirtschaftsinteressen, Traditionen und nationaler Rivalität beruht: aber es gibt keine Blutrache.

Das alles ergibt allerdings kein paradiesisches Bild. Die Polit-Polizei ist zwar nicht allgegenwärtig; die Menschen werden nicht aus dem Bett gezerrt und willkürlich verhaftet; sie haben keine Angst, zu sagen, was sie denken. Aber die Polit-Polizei steht im Hintergrund, und auch wenn sie das Leben des Landes nicht behindert, so überschattet sie es. Kritik an der Regierung – in lokaler wie in bundesstaatlicher Hinsicht – ist durchaus erlaubt, und oft unverblümt und lautstark ... Die Presse ist freier und weniger einförmig als in Rußland oder den Satelliten-Staaten. Aber es gibt keine Oppositions-Parteien, und niemand dürfte es wagen, eine Rückkehr zum Kapitalismus zu propagieren. Auch das Staatsoberhaupt darf man nicht kritisieren, aber Fragen, mit denen Tito zu tun und über die er gesprochen hat, dürfen offen diskutiert und Titos Ansichten darf widersprochen werden.

Es gibt keine Zensur.

Unabhängige Minister werden häufig angeschossen, und der Bundes-Ministerpräsident wurde vor kurzem in einer Weise angegriffen, die einer Demokratie der alten Zeit alle Ehre gemacht hätte. Wenn jemand die erlaubten Grenzen überschreitet, schaltet sich das Gesetz ein. Es gibt keine Schauprozesse, und niemand wird gezwungen, sich zu Verbrechen zu bekennen, die er nicht verübt hat. Aber das Wort *Gesetz* kann irreführend sein. Schließlich waren die Nürnberger Gesetze ebenfalls Gesetze; und das Gesetz der Sowjetunion, das schwere Strafen über die Angehörigen von Menschen verhängte, die sich nach dem Westen absetzten, *selbst wenn sie nichts von deren Absichten ahnten, war* ebenfalls Gesetz. Ich will damit nur darauf hinweisen, daß das Gesetz Mißbrauch der Amtsgewalt, brutal, unmoralisch, widerlich – ja, illegal sein kann. Von Prozessen zu sprechen und das Gesetz einzuschalten, ist sinnlos; es hängt alles von der Fairneß des Prozesses und der Anständigkeit des Gesetzes ab. Es gibt in der ganzen Welt kein Land, das in dieser Beziehung makellos dasteht. Jugoslawien schneidet verhältnismäßig gut ab, aber es ist sehr schade, daß sein stalinistischer Ursprung hier und da sichtbar wird und daß Milowan Djilas und Mihailow noch immer ständig ins Gefängnis kommen, weil sie, anstatt Jugoslawiens neue Freiheit lediglich nur zu preisen und Hosianna zu schreien, es gewagt haben, sie anzuwenden.

Nowi Sad

Die Regierung der autonomen Provinz Woiwodina – direkt südlich der ungarischen Grenze – lud mich ein, ein paar Tage ihr Gast zu sein. Die Woiwodina gehört zur Republik Serbien, sie beträgt ein Viertel davon. Sie hat ihr eigenes Landesparlament, Exekutive und Legislative, und eine Bevölkerung von etwa zwei Millionen. Ich wohnte in einer alten österreichisch-ungarischen Festung – heute Touristenhotel – in Petrowardin, gleich außerhalb von Nowi Sad, und genoß jede Minute meines Aufenthalts. Ich befand mich in Jugoslawien – dem fortschrittlichsten und glücklichsten kommunistischen Land der Welt; aber zugleich war ich wieder zurück im Ungarn vor dem Ersten Weltkrieg, dem Ungarn von etwa 1905 – einer Welt, die mir aus Romanen und Memoiren wohlvertraut war. (Es ist außerordentlich genußreich, rückwärts durch die Zeit zu reisen; es gibt einem das Gefühl, daß sich der flüchtige Augenblick schließlich wieder einfangen und verlängern läßt.) Das war die Bacska – die Heimat des Dichters Kosztolanyi – die reiche, träge, verschlafene Bacska. Es war ein unbekümmertes Land, die

Heimat guten Essens, provinzieller Eitelkeit und unübertrefflicher Weisheit. Denn was könnte weiser sein, als sich mit seinem Los zu bescheiden und das Leben zu genießen? Nicht etwa, wie es sein könnte, sondern einfach so, wie es ist.

Ich wurde allmählich auf mein Heimatland Ungarn gespannt. Wenn schon die Bacska, dieses Miniatur-Ungarn mit seinen 700 000 Magyaren, so angenehm war, wieviel angenehmer mußte das echte Ungarn sein! Ich bemerkte mit Vergnügen eine sehr leutselige Haltung gegenüber Ungarn. Die in ungarischer Sprache erscheinende Zeitung von Nowi Sad war, wie man mir sagte, nicht nur besser unterrichtet und freier, sondern auch von größerem Umfang, als irgendeine Zeitung, die in Ungarn erschien. Ferner erklärte man mir, daß *jeder* in Ungarn *Mayar Szo,* die betreffende Zeitung, lese. Ich diskutierte einmal über gewisse internationale Fragen mit Journalisten dieser Zeitung, die recht stichhaltige Ansichten vertraten. Ich stimmte ihnen zu und sagte, die Londoner *Times* habe die gleichen Ansichten vertreten. Woraufhin der außenpolitische Redakteur mit ernster Miene erwiderte: »Dann müssen sie es von uns erfahren haben.« Mit anderen Worten, nicht nur jedermann in Ungarn liest angeblich *Mayar Szo,* sondern sogar die Leitartikler der *Times* studieren sie (auf Ungarisch), bevor Sie zu wichtigen Fragen Stellung nehmen.

Die Ungarn der Bacska sehen, wie ich schon sagte, im Grunde auf Ungarn herab. Gewiß sei Budapest das Zentrum ungarischer Kultur; gewiß sei das Budapester Theater fabelhaft. Zu solchen Konzessionen sind sie bereit. Aber Ungarn sei ein Satellit Rußlands; man esse und lebe dort schlechter als in der Bacska und werde stärker unterdrückt. Sie sprechen von ihnen wie von armen Verwandten – ganz anders als zu Zeiten des Vorkriegs-Irridentismus. Und was mich am meisten belustigte: die Ungarn aus der Woiwodina fahren dauernd zum Einkaufen und zum Urlaub nach Ungarn – weil Ungarn für sie billig ist, weil der Dinar höher steht als der Forint (obwohl dieser sich mit dem wachsenden Tourismus verbessert hat). Die ungarischen Intellektuellen und Berufstätigen der Bacska (allerdings nicht die Bauern) waren zu meinem Erstaunen stolz darauf, Jugoslawen zu sein; aber ebenso stolz auf ihr Magyarentum. Sie leben – ihrer Ansicht nach – in der denkbar besten Welt. Nowi Sad – betonte man mir – sei früher eine Kleinstadt mit dreißigtausend Einwohnern gewesen. Heute sei es eine blühende Großstadt von einer Viertelmillion. Das Leben sei nirgendwo angenehmer als in Nowi Sad, das Essen sei in

Nowi Sad am besten, sogar noch besser als in der Provence: Nowi Sad sei der Geburtsort vieler berühmter Leute; und es gebe eine Donaubrücke, die in bestimmter Beziehung einzigartig sei. (Worin diese Einzigartigkeit besteht, weiß ich nicht mehr – sie war äußerst technisch –, aber jeder in Nowi Sad ist sich ihrer bewußt.)

Der Stolz dieser Ungarn übersteigt jeden Lokalpatriotismus. Sie sonnen sich darin, Bürger Jugoslawiens zu sein und die gleichen Rechte wie die übrigen Nationalitäten zu genießen. Sie zanken sich mit den anderen – wie es jeder mit jedem tut –, aber sind sie dazu voll berechtigt. Sie haben ihre eigene Presse, eigene Rundfunk- und Fernsehstationen, eigene Schulen, Tanzgruppen und Orchester. Sie nennen Nowi Sad das serbische Athen (was sich übrigens auf Perikles und nicht auf Oberst Papadopoulos bezieht).

Ich war belustigt. Belustigt, aber auch beeindruckt und erfreut. Nach achtundvierzig Stunden in Nowi Sad empfand ich ein unwiderstehliches Verlangen nach Ungarn. Bald darauf aber, nach achtundvierzig Stunden in Ungarn, empfand ich ein unwiderstehliches Verlangen nach Nowi Sad.

Die Tschechoslowakei

Bumm!

Die Ungarn haben mich später hinausgeworfen.
Die Tschechen ließen mich gar nicht erst herein.

Heimkehr eines Ausländers

»Was empfinden Sie? Wie ist es, wieder in der alten Heimat zu sein?«

Die Frage wurde mir von einem Mitreisenden gestellt.

»Ich kann es Ihnen eigentlich nicht sagen«, erwiderte ich. »Ich empfinde nichts Besonderes, aber das will nichts heißen; meine Gefühlsreaktionen sind eher langsam.«

Da es mir versagt worden war, die Tschechoslowakei zu besuchen, waren wir aus Nowi Sad abgereist, durch *Subotica* gefahren – für mich noch immer *Szabadka*, die Stadt des Dichters Kosztolanyi –, hatten Benzin an der letzten jugoslawischen Tankstelle gekauft, wo alles Ungarisch sprach, und bei Horgos, einem Dorf in der Nähe von Szeged, die Grenze überschritten, das früher einmal die zweitgrößte Stadt Ungarns war, aber (mit kaum mehr als 100 000 Einwohnern) auf die fünfte Stelle gesunken ist, als die Tito-Kontroverse es vom jugoslawischen Hinterland trennte. Mich überkam das gleiche schmerzliche Gefühl, das ich empfunden hatte, als ich von Deutschland nach Österreich und von Österreich nach Jugoslawien gekommen war: wieder einmal betrat ich ein ärmeres Land.

Alles – sowohl die Stadt Szeged wie die Dörfer – war ärmlich, heruntergekommen, schmutzig; die Menschen waren schlecht gekleidet und sahen müde und überarbeitet aus. Viele von ihnen arbeiteten auf dem Feld. Ich wußte, daß sich der Lebensstandard der Ungarn in gewisser Hinsicht verbessert hatte, aber diese erbärmlichen Gestalten, zumeist Frauen, waren gebeugt und mußten mit bloßen Händen schwere Arbeit verrichten. Der ungarische Bauer mag zwar kein Leibeigener mehr sein – ja, es geht ihm sogar recht gut –, aber heutzutage werden solche Arbeiten, nicht nur in Kalifornien, sondern auch in Nordjugoslawien, mit Hilfe von Maschinen ausgeführt. Diesen ungarischen Frauen fehlten die primitivsten Geräte. Es wurde sogar noch deprimierender, als wir zu den Außenbezirken Budapests gelangten. Es lag nicht nur daran, daß die Häuser verwahrlost oder manchmal sogar entsetzlich verschmutzt waren; sondern hinzu kam ein gespenstischer Hauch von Verfall, wie bei Kafka, der über dem Ganzen lag. Ich hatte die ungarische Grenze voll romantischer Erwartung überquert; jetzt war ich wütend und beleidigt. Ich empfand es als persönliche Kränkung.

Ich verließ Ungarn im Jahr 1938 zur Zeit der Münchener Krise. Ursprünglich war ich als Zeitungskorrespondent für ein paar Wochen nach London geschickt worden, bin aber seitdem dort geblieben. Dies war seit damals meine vierte Reise in die Heimat.

Während des Kriegs arbeitete ich für die Ungarn-Abteilung der BBC und wurde von den halb-faschistischen (und später ausgewachsenen) ungarischen Nazibehörden als Renegat und Verräter betrachtet. Nach der Befreiung behandelte man mich als eine Art Helden und echten Patrioten, der für die Sache der Alliierten, und mithin auch für die Sache der glorreichen Sowjet-Union gewirkt hatte. Als ich fortfuhr, mehrere Jahre für die BBC zu arbeiten, wurde ich bald abermals zum Renegaten und Verräter und außerdem zur Hyäne gestempelt – das beliebte Beiwort für jeden, der eine Volksdemokratie kritisiert. (Ich finde Hyänen ganz sympathisch. Sie haben Charakter, auch wenn sie nicht schön sind. Ferner finde ich es immer noch anständiger, sich von Leichen zu nähren, als sich frohe, lebende Tiere zum Frühstück zu töten. Jedoch begriff ich, daß die Bezeichnung Hyäne für mich nicht als Kompliment gedacht war.)

In den Tagen, bevor ich zur Hyäne erklärt wurde (Februar 1948) kehrte ich nach Budapest zurück, um meine Eltern zu besuchen. Ich gehöre zu den seltenen Geschöpfen, die ihre Eltern lieben (sie leben leider beide nicht mehr), und ich wollte sie unbedingt wiedersehen. Meinen Stiefvater, er war Arzt, hatte ich seit meiner Abreise 1938 nicht mehr gesehen; meine Mutter war 1946 nach London gekommen, und ich sah sie auch bald darauf in New York wieder, wo sie bei meinem Bruder zu Besuch war. Mein Stiefvater hatte Ungarn nicht verlassen wollen – was damals ohne weiteres möglich gewesen wäre –, so daß meine Mutter über London nach Budapest zurückkehrte. Damals versprach ich ihr, so bald wie möglich nach Ungarn zu kommen, der Besuch war längst fällig. Ich hatte ein paar Wochen zuvor geheiratet, aber kein Geld für die Fahrkarte meiner Frau. Also beschloß ich, allein zu fahren. Meine Frau sagte, es sollte doch unsere Hochzeitsreise sein, und sie würde so gern mitfahren, was unter den obwaltenden Umständen kein unbilliges Verlangen war. Schließlich borgte sie sich das Reisegeld von ihrer Mutter. Einige Jahre später ging unsere Ehe zu Bruch, aus Gründen, die in dieser Erzählung keine Rolle spielen. Aber vielleicht war es kein gutes Zeichen für unsere Zukunft, daß ich meine Hochzeitsreise ohne sie hatte machen wollen. Wenn ich der Männerwelt einen Rat geben darf: keine Hochzeitsreise ohne Braut!

Im Februar 1948 war Budapest ein Paradies. Oder beinah ein Paradies. England hatte gerade einen schauerlichen eisigen Winter hinter sich, mit Kohlenkrise und allen möglichen Rationalisierungen. Wir in England waren schlecht angezogen, froren und hungerten und litten noch immer unter dem Druck und den Entbehrungen, die ein langer Krieg unseren Nerven, unserem Denken, unserem Körper beschert hatte. Die einzige Flugmöglichkeit nach Budapest war damals über Prag, und der Fahrplan war so eingerichtet, daß das Flugzeug nach Budapest eine halbe Stunde vor Eintreffen der Londoner Maschine abflog, so daß Reisende gezwungen waren, sich vierundzwanzig Stunden in Prag aufzuhalten. Auch das war eine Art, den Tourismus zu fördern. Da aber meine Schwester soeben aus Ungarn geflohen war und sich in der tschechischen Hauptstadt befand, hatte ich ohnehin vor, dort ein paar Tage zu verbringen. Prag ging es weit schlechter als London. Alles war rationiert, und selbst auf Bezugsscheine, die ich sowieso nicht besaß, war nichts zu bekommen. Es gab keinen Kaffee, keinen Zucker, keine Milch, nicht genug Brot – einfach nichts. Nur zwei Dinge waren nicht rationiert: Hüte und Gamaschen. Ich brauchte keins von beiden; da ich aber Gamaschen noch weniger brauchte als Hüte, und man sich verpflichtet glaubt, irgend etwas in einer Stadt, wo es nichts zu kaufen gibt, zu kaufen, kaufte ich mir einen Hut. (Ein paar Monate später ließ ich ihn unter dem Sitz eines Londoner Theaters liegen. Das war der letzte Hut, den ich je besessen habe.)

Aus dem verhungerten, elenden, mißgelaunten und unwirschen Prag kam ich nach Budapest – etwas geradezu Traumhaftes. Es war elegant, heiter und voller Optimismus. Die politischen Parteien schienen zu funktionieren, sowie auch die Koalitionen, die Presse war frei, lebendig und kritisch. Was aber besonders ins Auge fiel, bevor man die politische Lage geprüft hatte, war der Wohlstand. Von Rationierung war keine Rede; es gab Weißbrot, die schönsten Bonbonnieren, Anzüge, Schuhe, Schwarzmarkt-Nylonstrümpfe zu kaufen – auch Hüte und Gamaschen. Die Kaffeehäuser – noch immer in voller Blüte – waren überfüllt, und die Leute saßen bei dampfendem schwarzen Kaffee mit Schlagrahm und aßen herrliche Schokolade- und Buttercreme-Torten, wie sie ein Londoner seit Jahren nicht mehr erlebt hatte.

Diese Traumperiode war natürlich von kurzer Dauer: die kommunistische Partei hatte bereits den Sozialdemokraten vorgeschlagen, sich mit ihr zu »verbinden«. Das hieß, genauer ausgedrückt, daß der Kommunismus bereits den Rachen aufgesperrt hatte, um die Sozialisten zu verschlingen – einer der ersten Schritte, um Ungarn in ein trübes und widerliches stalinistisches Konzentrationslager zu verwandeln, wo der Henker sein Soll am emsigsten erfüllte.

Historisch gesehen dauerte Ungarns *dolce vita* nur einen Augenblick; aber *das* war der Augenblick, den ich genießen durfte. Mein Besuch war privater Natur – ich kam als Sohn, nicht als Journalist. Ich sah meine Eltern, meine Verwandten und Freunde, trank eine Menge dampfenden Kaffee mit Schlagrahm, genoß den halbvergessenen Geschmack von Gerichten, mit denen ich aufgewachsen war – Paprikawurst, Brathähnchen, Bauernschinken – und war begeistert. Ich verließ Ungarn voll angenehmer Erinnerungen, aber nicht ohne böse Vorahnung über die bevorstehende Entwicklung. Nicht, daß ich etwa Hellseher gewesen wäre. Ich bin stets ein miserabler Prophet gewesen, weil ich immer allzu optimistisch war. Aber in diesem Fall war es unmöglich, das Unheil, das sich zusammenbraute, zu übersehen.

Meine Eltern verließen Budapest im Jahr 1956 – mit normalen, legalen Pässen –, um nach einigen Wochen Aufenthalt bei mir in London sich in den Vereinigten Staaten niederzulassen. Im Oktober jenes Jahres brach der ungarische Aufstand aus, und das Panorama-Programm des BBC-Fernsehens schickte mich nach Ungarn, um dort einen Film zu drehen. Ich war schon seit Jahren nicht mehr bei der Ungarn-Abteilung der BBC, aber ich weiß noch sehr genau, daß, wann immer ich mich als Mitglied der Ungarn-Sendung des BBC einführte, mir unweigerlich geantwortet wurde: »Du lieber Himmel, ich habe nie geahnt, daß es das überhaupt gibt!«

Bei jener Gelegenheit nannte ich dem Grenzbeamten meinen Namen, und er fragte: »Mr. Mikes vom Londoner Rundfunk?«

Er war beeindruckt, und das paßte mir gut. Ich hatte kein ungarisches Visum und war ganz auf seinen guten Willen angewiesen. Nach einigem Hin und Her gelang es mir, ihn zu überzeugen, daß er mich hereinlassen müßte. Sobald das geschafft war, mußte ich gestehen, daß ich nicht allein sei: Er müsse – natürlich ohne Visum – eine Mannschaft von vier weiteren Personen hereinlassen, Vertreter des BBC-Fernsehens. Der Grenzbeamte sah mich erstaunt an: »Mein Gott, ich habe nie gewußt, daß das BBC auch ein Fernsehen hat.« Für ihn bestand das BBC lediglich aus der Ungarn-Sendung.

Die Ereignisse jener Tage sind in einem anderen meiner Bücher beschrieben (Der Ungarn-Aufstand), sowie in etwa fünfhundert Büchern weiterer Autoren.

Sieben Jahre vergingen, und der ungarische Gesandte in London lud mich ein, ihn zu besuchen. Er forderte mich nicht direkt auf, nach Ungarn zu reisen, meinte aber, daß ich, falls ich hinführe, als *persona grata* behandelt werden würde. Ich war platt. Ich fragte ihn, ob er meinen *Panorama*-Film gesehen und mein Buch gelesen hätte. Er lächelte und versicherte mir, daß weder der Film noch das Buch der Aufmerksamkeit der ungarischen Behörden entgangen sei. Und trotzdem würde ich willkommen sein? O ja, sogar sehr. (Ungarn war an Touristen gelegen und zugleich darauf bedacht, der Welt ein neues, zivilisiertes Antlitz zu zeigen: Wenn ein gefährlicher Gegner des Regimes, der Autor eines Buchs über den Aufstand von '56, willkommen war, dann war Ungarn offensichtlich ein Land, wohin jedermann risikolos reisen konnte.)

Ein paar Monate später fuhr ich nach Budapest, um einen langen Artikel für den *Encounter* zu schreiben. Ich gebe nachstehend einige kurze Auszüge daraus wieder, ohne noch einmal darauf zurückzukommen. Eine ganze Reihe von Dingen, die damals gesagt wurden, sind heute noch gültig. Er begann:

»Wir sind arm. Wir haben nichts außer unserem hohen Lebensstandard. Wir leben etwa dreimal so gut, wie wir es uns leisten können. Das ist das wahre *Wirtschaftswunder*.« Der Mann, der das erklärte, war der Direktor eines staatlichen Unternehmens. »Für die Deutschen war es leicht«, fuhr er fort, »denn sie haben Rohstoffe. Sie haben die Ruhr. Sie arbeiten wie verrückt. Was ist denn so Wunderbares daran, ein Land mit Hilfe von außen, eigenen Bodenschätzen und harter Arbeit wieder aufzubauen? Aber schaut uns an. Wir haben absolut nichts, dessen wir uns rühmen könnten, keiner hat uns geholfen – im Gegenteil –, und wirklich gearbeitet haben wir ebenfalls nicht. Jawohl, das ist das wahre Wirtschaftswunder.«

Und so ging der Artikel weiter, voller Liebe für das reizende, witzige, anmaßende Budapest. Es war ein zärtlicher, lyrischer Aufsatz über die Lebensfreude, den Humor und die Robustheit einer Stadt, die ich liebte.

Dann erfolgte eine typisch ungarische Reaktion. Während mein bitterböses, kritisches Buch über den Ungarn-Aufstand mir eine offizielle Aufforderung zu einer Reise dorthin einbrachte, erregte meine Rhapsodie ein solches Ärgernis, daß mein Antrag auf ein Einreisevisum, den ich sechs Jahre später stellte, um ein Haar abgelehnt worden wäre. Ich konnte das überhaupt nicht verstehen, bis ich – auf meiner letzten Reise in Budapest – hörte, daß man an meiner Erwähnung der Verkommenheit und Verschmutztheit der Gebäude Anstoß genommen hatte. »Sie mögen politisch andere Ansichten hegen als wir«, sagte mir einer der Bonzen, »aber wenn Sie behaupten, daß wir schmutzig seien, uns nicht waschen und stinken, so ist das eine Beleidigung, die wir nicht auf uns sitzen lassen können.« Ich hätte nichts dergleichen gesagt, protestierte ich; ich hätte lediglich den Verfall und die Verkommenheit der Häuser erwähnt, die heute – nach weiteren sechs Jahren des Verfalls – sogar noch schlimmer aussehen.

1964 schrieb ich: »Ich schaute auf Budapest und wußte, daß Budapest – zumindest ein Teil davon – auf mich, seinen verlorenen Sohn schaute, der jetzt mit einem britischen Paß in der Tasche und einigen fremdartigen Ideen im Kopf heimgekehrt war. Ich darf mich nicht von Gefühlen übermannen lassen, sagte ich mir. Natürlich konnte ich diese Stadt nicht so beurteilen, wie ich Beirut oder Wladiwostock beurteilt hätte, aber ich mußte versuchen, einen kühlen Kopf zu bewahren. Auch durfte ich nicht Budapest die Schuld dafür geben – sagte ich mir –, daß ich unmöglich das finden konnte, was ich in Wirklichkeit suchte: meine Jugend. Ich wußte auf der Fahrt die ganze Zeit, daß ich nicht nur räumlich nach Osten fuhr, sondern zurück durch die Zeit. Ich wollte den schlanken Jüngling mit dem dichten, blonden Haar wiederfinden, aber der Jüngling war verschwunden – mitsamt seiner Schlankheit und leider auch der größte Teil seiner Haare – und Vergangenheit geworden. Daran sind, wenn ich gerecht sein will, weder Budapest noch selbst Rakos schuld.«

Diesmal – als ich 1970 von Szeged nach Norden fuhr – wollte ich sogar noch vorsichtiger sein, denn ich war mir noch größerer Fußangeln bewußt. Ich wollte nicht Gefühlen in die Falle gehen. Aber ich war sechs Jahre älter; mir widerstrebte die Vorstellung des alternden Schriftstellers, der beim Wiedersehen mit seiner Heimat wehmütig wird; ferner machte ich diesmal eine weitere Sendung für das BBC-Fernsehen – *Durch zwei Augen gesehen* – und hatte meinen ganzen Verstand und meine sogenannte Objektivität dafür nötig. Die Frage meines Mitreisenden »Wie ist es, wieder in der alten Heimat zu sein?« klang mir noch in den Ohren, nicht nur als freundliche Erkundigung – die sie war –, sondern auch als dunkle Warnung.

Auf der Fahrt auf den Landstraßen, beim Anblick der großen Tiefebenen – der flachen, öden Landschaft – wußte ich, daß ich verloren war. Ich war mit diesem Teil Europas zu sehr verstrickt. Ich konnte mir einfach nicht vormachen, daß ich lediglich an dem Schauplatz des letzten Kapitels meines Buches über Mitteleuropa angekommen sei; daß ich nur ein BBC-Berichterstatter sei, der einen üblichen Auftrag ausführt, nur ein Auslandskorrespondent, der zufällig die Sprache kann. Die BBC wußte ganz genau, warum sie mich nach Ungarn statt nach Bulgarien geschickt hatte. Ich liebte dieses Land; ich liebe seine Sprache; ich liebe seine Lyrik; ich liebe meine Freunde. Ich achte Keats, Shelley und Elliot, aber für mich ist und bleibt Lyrik Ady, Babits, Kosztolanyi und Gyula Juhasz; ich werde immer auf ungarisch rechnen; ich werde immer auf ungarisch träumen. Sogar mein englisches Leben ist nur eine Überlagerung ungarischer Fundamente – in dem englischen Schriftsteller, der ich durch eine merkwürdige Schicksalsfügung geworden bin, lebt noch immer ein kleiner ungarischer Junge, der alte Zeilen ungarischer Lyrik vor sich hin murmelt und mich mit ärgerlichen, fragenden Augen ansieht. Ich wußte, daß ich nicht imstande sein würde, über dieses Land wie über Afghanistan oder Ecuador zu schreiben.

Und das ist der Grund, warum der Schmutz und die Verkommenheit des Landes mich so aufbrachten. Man hatte zugelassen, daß *meine* Landschaft verrottete; *meine* Dörfer verkamen; *mein* Volk weiterhin ein primitives Leben führte, gebückt und mit bloßen Händen arbeiten mußte und vorzeitig alterte; man hatte zugelassen, daß die Vororte meines Budapest verfielen. Gewiß, ich wußte, daß ich durch eine der ärmeren Regionen des Landes fuhr; aber die Tiefebenen bilden schließlich zwei Drittel des ganzen – und wenn zwei Drittel von etwas arm ist, so ist auch das Ganze arm. Ich wußte, daß ich aus der falschen Richtung nach Budapest fuhr. Ich wußte, daß man einen besseren Eindruck – sowohl vom Land wie von der Stadt – erhält, wenn man von Wien kommt. Aber das war eine potemkinsche Täuschung. Das war alles nur Kosmetik; *dies* war das wahre Gesicht des Landes. Bis ich in der Innenstadt Budapests angekommen war, dem Büro der IBUSZ, dem offiziellen ungarischen Reisebüro, schnaubte ich vor Wut.

Ich war Monate zuvor aus London abgereist, hatte aber Michael

Houldey – den Produzenten meines BBC-Films – dem Londoner Vertreter der IBUSZ vorgestellt. Houldey bat diesen Mann, für uns alle Zimmer im Hotel auf der Margareteninsel zu buchen. Der IBUSZ-Mann – ein gewandter Funktionär, der aus allen Poren echten, unverfälschten mitteleuropäischen Charme ausströmte – sagte alles mit größter Verbindlichkeit zu. Als wir Monate später in Budapest ankamen, hatten wir keine Zimmer. Nicht nur keine Zimmer auf der Insel, sondern nirgendwo. Überhaupt keine Zimmer. Niemand habe etwas von unserer bevorstehenden Ankunft gewußt. Und Budapest sei voll – es gebe keine Zimmer. Es tue ihnen sehr leid. Als wir schließlich im Hotel Royal landeten – ein vorsintflutliches, pompöses und lächerlich teures Hotel –, wurden wir von einigen der Beamten mit kühler Zurückhaltung empfangen, von anderen mit plumper Vertraulichkeit, da die letzteren unbedingt darauf aus waren, witzig zu sein und dem Ruf Budapests als besonders fröhlicher Stadt zu entsprechen.

Wäre es in Kabul gewesen, hätte ich nur milde lächelnd den Kopf geschüttelt. Hier aber war ich empört. Und plötzlich entsann ich mich des Berichts eines Freunds, den er mir von *seiner* Reise nach Budapest gegeben hatte. Ich hatte mich damals darüber gewundert. Er war Dozent einer englischen Universität, ein begabter junger Mann, der 1956 Ungarn verlassen hatte und zum erstenmal wieder hinfuhr, um seine alte Mutter zu besuchen. Er erzählte mir wenige Tage vor meiner Abreise davon.

»Ich war selig, meine Mutter wiederzusehen. Ich war darüber wirklich sehr glücklich. Die Stadt ist herrlich. Die Menschen sind freundlich und hilfsbereit. Die Mädchen sind entzückend und äußerst zugänglich. Ich habe eine herrliche Zeit gehabt. Das Essen war köstlich – ungarische Gerichte sind die besten der Welt. Es freute mich, meine alten Freunde wiederzusehen. Mir gefiel sogar die Zigeunermusik.«

»Aber was war denn dein allgemeiner Eindruck?« fragte ich ihn. »Wie war es denn im *Ganzen?*«

Er sah mich erstaunt und verständnislos an.

»Natürlich entsetzlich.«

Jetzt begann ich zu begreifen, was er gemeint hatte.

Ich war erpicht darauf, alte Erinnerungen nachzuprüfen. In unserer Jugend wurde uns immer gesagt, daß Budapest eine der schönsten Städte der Welt sei. Kurz vor meiner Ausreise 1938 versuchte ich, einen Freund, Jude, betont liberal und anti-deutsch, zu bewegen, das Land zu verlassen, bevor es zu spät war. Wir gingen gerade über die Kettenbrücke, unter uns floß die Donau, die Hügel von Buda waren mit Tausenden von winzigen Lichtern besät. Er sah sich um und sagte: »Ich kann nicht fort. Budapest ist die schönste Stadt der Welt.«

»Bist du jemals im Ausland gewesen?«

»Nie.«

»Nicht einmal bis nach Wien?«

»Nie.«

»Woher weißt du dann?«

»Sieh dich um. Ich weiß es einfach. Nichts kann so schön wie die Donau sein.«

Er blieb und wurde von einer Pfeil-Kreuzler-Bande erschossen und in die schöne Donau geworfen.

Ja, auch ich hatte die Aussicht als sehr schön in Erinnerung. Aber war sie es wirklich? Würde ich – nachdem ich inzwischen Rio de Janeiro, Hongkong und Istanbul erlebt hatte – Budapest noch immer schön finden?

Nun, die Stadt erinnert mich an eine jener glänzend konservierten älteren Damen, die aus der Entfernung schön wirken. Wenn man von den Budaer Hügeln auf die berühmte Aussicht hinunterblickt, mit den Donaubrücken, dem Parlamentsgebäude, der Margareteninsel, den umliegenden Hügeln, der Fischer-Bastei und der Krönungskirche, so genießt man – Istanbul hin oder her – eine der lieblichsten Aussichten Europas. Die verwahrlosten, brüchigen und verfallenen Gebäude in der Tiefe sind die Fältchen und Tränensäcke der guten Dame. Man bemerkt sie ebensowenig, wie man die vielen neuen Gebäude, die geräumigen Arbeiterwohnbauten mit Kindergärten bemerkt, wo die Menschen zwar mit fließendem heißem Wasser, aber in entsetzlicher Enge hausen.

Ein alter Freund wird augenzwinkernd fragen: »Nun, was hältst du von den Budapester Frauen?«

Man zwinkert vielsagend zurück und behält die Wahrheit für sich: daß man zwar eine Reihe von hübschen Mädchen gesehen hat – wo gibt es die nicht? –, jedoch nicht das Gefühl hat, in einer

Stadt von hinreißenden Schönheiten zu sein, wie es die Legende noch immer behauptet.

Natürlich war ich, seit ich ursprünglich die Stadt verlassen, mehr als dreißig Jahre älter geworden; vielleicht ist nicht mehr *jede* Frau in meinen Augen eine Schönheit. Aber immerhin noch jede zweite Frau. Wenn die Frauen von Budapest nicht mehr so reizvoll sind, so liegt es daran, daß ihre Kleider aus schlechten Stoffen bestehen und sie viel weniger Zeit haben, vor dem Spiegel zu verbringen. Das soll kein Vorwurf sein – im Gegenteil; ich berichte lediglich die Tatsache, daß man, im Gegensatz zu der Zeit zwischen den Kriegen, nicht mehr das Gefühl hat, sich in einer Stadt schmachtender, atemberaubender Schönheiten zu befinden. Kleidung ist in Budapest teuer und die Gehälter sind ziemlich niedrig. Gewiß sind die Frauen besser angezogen als vor sechs Jahren – man sieht Mini, Midi und Maxi in großer Fülle, und die ganze Atmosphäre paßt besser dazu; es liegt mehr Sex und weniger Partei-Ideologie in der Luft –, aber es herrscht noch immer ein dringender Bedarf an großen, reichhaltigen Warenhäusern, die gutgeschnittene, sogar elegante Kleidung zu vernünftigen Preisen anbieten. Mit Marx und Lenin sind sie reichlich bedient; was sie brauchen, ist Marcks & Spencer.

Ich sagte mir dauernd, daß es mir hier gefalle, daß ich froh sei, wieder da zu sein, aber ich konnte nicht umhin, zu bemerken, daß ich immer gereizter wurde. Die Leute waren klatschsüchtig, und die Worte »im Vertrauen gesagt« bedeuteten nichts; sie hatten allesamt böse Zungen, und einander unter der Maske des Frozzelns zu demütigen, war ein nationaler Zeitvertreib. Aber mir gingen besonders zwei Dinge auf die Nerven.

Erstens ihre Prahlsucht. Es ist durchaus in der Ordnung, den Besucher auf Vorzüge und Verbesserungen hinzuweisen, und gerechtigkeitshalber muß man zugeben, daß eine ganze Menge Leistungen ihren Stolz verdienen. Aber bei jeder Gelegenheit bekommt man zu hören, daß Budapest die schönste Stadt der Welt ist, daß ihre Frauen die schönsten sind, daß ihr Land das beste, zumindest unter den Satelliten-Staaten ist (was durchaus zutrifft), daß sie das glücklichste, fröhlichste und sympathischste Volk auf Erden sind, eine absolut einmalige Rasse. Untereinander schimpfen sie, was sie jetzt ohne Angst vor der Geheimpolizei dürfen. Das Recht auf Schimpfen ist eines der wenigen Grundrechte, die sie unter Kadar bekommen haben. Aber sobald ein Außenseiter auftritt, ändert sich die Situation. Ich wurde weit öfters als Auslandskorrespondent denn als Sohn ihrer Stadt betrachtet. (Ihr Mißtrauen gegen mich war natürlich berechtigt.) Lokalpatriotismus gehört vermutlich zu den stärksten Urtrieben der menschlichen Seele, und die Budapester sind zu Propagandisten ihrer Stadt geworden. Ich erwähnte nach meinem letzten Besuch, wie sogar ehemalige Rebellen sich bemüht hatten, mich davon zu überzeugen, daß alles zum Besten stehe. Als ich einen von ihnen an die drei Jahre erinnerte, die er in Haft verbracht hatte, erwiderte er mir mit breitem Grinsen: »Aber wissen Sie nicht, wieviel besser das Essen in einem ungarischen Gefängnis ist als in einem durchschnittlichen englischen Restaurant?« (Nein, das wußte ich nicht. Aber ich weiß, daß sich das Essen in durchschnittlichen englischen Gaststätten unglaublich verbessert hat, mithin mag das auch auf durchschnittliche ungarische Gefängnisse zutreffen.)

Nach ein, zwei Wochen in Ungarn verstand ich den Mechanismus dieses heiteren – oder vielmehr verzweifelten – Prahlens viel besser. Auf die Politik werde ich später zurückkommen, aber um das Ungarn von 1970 zu begreifen, muß man eines bedenken: Der Aufstand von 1956 war der letzte verzweifelte Versuch der Ungarn, die Russen loszuwerden. Nicht den Kommunismus, sondern die Russen. Auf diesen Versuch vom 4. November 1956 gaben sowjetische Kanonen und Panzer eine entscheidende und endgültige Antwort. Das wird in Ungarn wohl niemand vergessen, und wenn einer es hätte vergessen wollen, so war der Einfall in die Tschechoslowakei eine deutliche Mahnung: die Russen gehen nicht mehr fort. Ungarn lebte unter türkischer Herrschaft einhundertfünfzig Jahre; unter österreichischer Herrschaft etwa zweihundertfünfzig Jahre; nun konnte es sich ebensogut auf ein bis zwei Jahrhunderte sowjetischer Herrschaft einrichten und das Beste daraus machen. Und genau das tun die Ungarn: sie machen das Beste daraus. Sie zollen russischen Dingen und Ideen Lippendienst; sie scheinen – und viele von ihnen sind es vielleicht auch – gute Sozialisten zu sein; dennoch bemühen sie sich, eine zivilisierte mitteleuropäische Nation zu bleiben, die nicht zum Osten übergelaufen, die nicht in die Steppen der Mongolei zurückgekehrt ist. Wer die herrlichen Zustände in Ungarn pries, tat es nicht, um mir zu imponieren, sondern um sich selber zu beruhigen. In Wirklichkeit prahlten sie gar nicht; es war wie ein Singen im Dunkeln, um sich Mut zu machen. Das zweite, das mir auf die Nerven ging, war ihre forcierte Witzigkeit. Dreiviertel der Ungarn, die ich traf, hatten witzig zu sein – unermüdlich und erbarmunglos witzig – die ganze

Zeit. Es war fast unmöglich, von jemanden eine gerade, gelassene Antwort zu erhalten. Sie *mußten* amüsant, charmant, leichtherzig und superklug sein. Muntere Neckerei und billige Ironie umschwirrten mich. Es war ein entsetzlicher Krampf. Diese Krampfhaftigkeit war anstrengend. Wie oft habe ich mir gedacht: »Wenn du noch einmal versuchst, witzig zu sein, erwürge ich dich!«

Ich besuchte einen der politischen Machthaber, der mich fortgesetzt mit Aussprüchen von Kadar traktierte. Als dieser gebeten wurde, Rakoši, den verbannten Tyrannen, der im Februar 1971 starb, die Rückkehr aus der Sowjetunion zu genehmigen, lehnte er glatt ab. Einige seiner Kollegen versuchten ihn zu einer Sinnesänderung zu bewegen und dem Neunundsiebzigjährigen die Heimkehr zu erlauben, natürlich nicht als aktivem Politiker, sondern als Rentner. »Ein Pulverfaß kann man nicht in den Ruhestand versetzen«, erwiderte Kadar. »Dynamit bleibt Dynamit, selbst wenn man ihm eine Rente zahlt.«

Wenn ein Problem aus der Vergangenheit wieder auftaucht, so hat, wie man mir sagte, einzig und allein Kadar den Mut, zu sagen: »Sehen wir nach, wie Horthy es anpackte.« Für Männer geringeren Formats ist der bloße Name Horthy ein Greuel.

Das Jahr meines Besuches, 1970, war zugleich das Jahr des hundertsten Geburtstags von Lenin, und das ganze Land erging sich – wenn es mit offizieller Stimme sprach – in scheinheiligen und ehrfürchtigen Äußerungen. Nur Kadar war es, der bemerkte: »Ich weiß nicht, was Lenin heute täte, wenn er noch am Leben wäre. Aber eins weiß ich bestimmt: er würde nicht Tag und Nacht seine alten Schriften studieren und würde nicht versuchen, alle Probleme der Gegenwart auf der Basis seiner eigenen, überholten Ideen zu lösen.«

Oder wiederum: Wenn Kadar reist – um beispielsweise eine Rede in einer Kleinstadt zu halten –, verbreitet die Polit-Polizei, um seine Sicherheit zu gewährleisten, häufig falsche Gerüchte über den Zeitpunkt seiner Abfahrt. Sie sagt, sie finde um zwei Uhr nachmittags statt; dann um elf Uhr vormittags, dann um sechs Uhr abends. Schließlich wird er auf vier Uhr nachmittags vorverlegt, den wirklichen Zeitpunkt der Abfahrt. Eines Tages ließ Kadar den Chef der Sicherheits-Polizei zu sich kommen und sagte dem Mann: »Es genügt völlig, *mir* den richtigen Zeitpunkt zu sagen.« All diese Anekdoten sind sympathisch und intelligent genug, um ein recht attraktives Bild des seltensten Typs, den es auf Erden gibt, zu ergeben: eines kommunistischen Führers mit Humor.

Was mich aber daran stört, ist folgendes: Der Herr, mit dem ich sprach, wollte mich nicht etwa überzeugen, daß Kadar ein großer Führer, ein hervorragender Marxist-Leninist, ein geschickter Politiker und Staatsmann von Format sei; ihm lag nur daran, mir zu beweisen, daß Kadar ein Witzbold ist.

Meine Stunde der Wahrheit kam, als ich eine reizende alte Operetten-Diva besuchte. Sie ist 87 Jahre alt, gilt noch immer als schön, steht noch immer auf der Bühne und wird noch immer vom ganzen Land bejubelt. Wir waren zum Mittagessen in ihrem großen, eleganten Haus eingeladen. Von ihrem Balkon hat sie eine herrliche Aussicht – in dieser Gegend hat jedermann eine herrliche Aussicht. Mit Sidney ist Budapest eine von zwei Städten, wo man früher oder zwangsläufig an akuter Aussicht-Vergiftung leidet. Unter den wenigen Gästen befand sich eine jüngere Frau, eine ehemalige Schauspielerin namens Betty, die unaufhörlich unsere Gastgeberin pries, verhimmelte und bewunderte. Die Diva *war* charmant, eine ausgezeichnete Gastgeberin und für ihr Alter eine wunderbare Frau; aber diese ewige Schmeichelei war entnervend. Betty wiederholte alle drei Minuten, daß die alte Dame die schönste, begabteste und berühmteste Frau in ganz Europa sei, daß niemand ihre Rollen auch nur halb so gut wie sie gespielt hätte, geschweige denn besser; daß das Essen bei ihr das beste im ganzen Land sei, ihre Rezepte fabelhaft, ihr Paprika-Huhn schmackhafter und ihr Bier kälter als irgendwo anders; daß ihr *Barack* – der Aprikosengeist, den sie beim Lebensmittelhändler nebenan kaufte – stärker, älter und besser sei als der Barack, den jeder andre beim gleichen Händler erstand. Englische Schauspieler und Schauspielerinnen sind natürlich ebenfalls für Schmeichelei sehr empfänglich, aber die gedämpfte Tonart macht die ganze Sache viel erträglicher. Englische Schmeichler sagen nicht: »Sie sind herrlich, Sie sind göttlich ...«, sie sagen: »In dieser Rolle waren Sie übrigens recht gut, Gladys«, worauf Gladys bescheiden erwidert: »Nun, ich muß selber zugeben, daß ich mit mir nicht ganz so unzufrieden war wie sonst.«

Die Diva war eine kluge Frau und fiel keinen Augenblick darauf herein. Sie bewertete sich – ihre zahlreichen Vorzüge und geringen Fehler – so objektiv, wie das einer Schauspielerin möglich ist. Vielleicht empfand sie sogar eine ehrliche Verachtung für die Speichelleckerei und war sich durchaus bewußt, daß Betty das gleiche für sie empfinde. Aber was konnte sie machen? Sie brauchte diese Schmeichelei wie der Rauschgiftsüchtige die Spritze. Der Rauschgiftsüchtige mag Heroin hassen, aber er kann nicht ohne Heroin leben.

Nach zwei bis drei Stunden von diesem Gerede erwischte ich mich selber dabei. Die Stimmung war ansteckend, und ich merkte, daß ich ebenso sprach wie Betty. »Aber Sie sind großartig ... Sie *wissen*, daß Sie unnachahmlich sind ... Fräulein Soundso soll die Gänseliesel in der Operette besser gespielt haben als Sie? Unsinn! Niemand kann sie auch nur halb so gut spielen ... Sie sind die Königin von allen ...«

Und dann begann ich meine Gereiztheit über die Leute von Budapest zu verstehen. Ihr albernes Prahlen, ihre krampfhafte Witzigkeit, ihr Mangel an Aufrichtigkeit – waren es nicht meine eigenen Fehler, die mich in meinen Landsleuten abstießen? Wenn drei Stunden in der Gesellschaft einer Diva mich in einen mitteleuropäischen Kavalier alter Schule zu verwandeln vermögen, dann gnade mir Gott!

Denkmäler

Man sagt sich zum fünfzigsten Mal, daß die Stadt schäbig und baufällig ist, bis einem plötzlich ein unangenehmer Gedanke kommt: wie schäbig und baufällig ist man denn selbst?

Wenn man einem ungarischen Teenager erzählt, daß man Dichter wie Atilla Joszef und Miklas Radnoti gut gekannt hat, sieht er einen mit ähnlichem Ausdruck an, wie ein englischer oder amerikaniser Junge einen ansehen würde, wenn man ihm erzählte, daß man mit Byron oder Shelley befreundet gewesen sei oder Cricket für Canterbury mit Chauer gespielt habe.

Man geht auf einer Straße in Buda und erinnert sich an Ungarns großen Humoristen, Frederick Karinthy. Hier an der Ecke stand früher das Café, das er täglich besuchte und wo er periodisch bei dem Oberkellner Schulden machte, weil er seine Rechnung nicht bezahlen konnte. Dann entdeckt man schockartig, daß die Straße selbst heute Frederick-Karinthy-Straße heißt. Und woanders entdeckt man eine Straße, die nach einem weitern Freund benannt ist, der in einem anderen Café ebenfalls nicht in der Lage war, seine Rechnung zu bezahlen. Und noch eine andere erinnert einen an einen dritten Freund, der einem noch immer fünf Pengö schuldet, aber da auch er sich inzwischen in eine Straße verwandelt hat, wird man sein Geld kaum jemals wiedersehen. Mit einem der größeren Plätze hatte man einmal um drei Uhr morgens in dem Stadtpark eine betrunkene Rauferei und das Denkmal – jetzt so hoheitsvoll auf seinem Sockel – spannte einem die Freundin aus und ging mit ihr ins Bett. Es tat zur Zeit sehr weh – es war gewiß nicht das Benehmen, das man von einem Denkmal erwartet.

Dann bekommt man einen wirklichen Schock. Der alte Soundso ist zu einem *Boulevard* geworden. Keine bloße Straße oder Platz: ein *Boulevard!* Wenn ehemalige Freunde zu Straßen werden, ist man stolz und glücklich; wenn aber einer davon zu einem Boulevard wird, verstummt man und denkt an die Ewigkeit.

Witze

Die Geschichte Ungarns begann mit einem Witz. In unserer Kindheit wurde uns die Eroberung Ungarns durch die alten Magyaren gelehrt. Die Eroberung wurde zwar nie so bezeichnet, sondern immer nur die »Gründung des Staats« genannt. Der Gründer selbst war ein Individuum, das unter dem Namen »Unser Vater Arpad« lief. Unser Vater Arpad traf im neunten Jahrhundert mit seinen wandernden magyarischen Stämmen an der Donau ein. Das heutige Ungarn war damals von Slawen bewohnt. Unser Vater Arpad schickte dem slawischen Herrscher Swatorluk einige billige Geschenke und bat sich als Gegenleistung ein Stück Erde, einen Eimer Wasser und ein paar Grashalme aus. Als die scheinbar bescheidenen Wünsche Unseres Vaters Arpad erfüllt worden waren, erklärte er, daß Swatorluk sein Land verwirkt hätte, weil er es ihm symbolisch mit allen Flüssen und Weiden ausgehändigt habe. Der König der Slawen erwiderte, es liege zweifellos ein Mißverständnis vor und wollte darüber rechten: Unser Vater Arpad jedoch ergriff von dem Land Besitz und verjagte den König.

Eine ganze Reihe von Jahren hindurch war ich überzeugt, daß Unser Vater Arpad Swatorluk gemein übers Ohr gehauen hätte. Aber später sah ich ein, daß ich mich geirrt hatte. Unser Vater Arpad war ein mittelalterlicher Edelmann von untadeligem Charakter, der niemanden übers Ohr gehauen hätte. Für ihn war es ein Witz. Er hatte einen enormen Sinn für Humor, und die ungarische Neigung zum Witzemachen wurde damals begründet und blüht seitdem weiter.

Was immer in Ungarn, der Sowjetunion beziehungsweise auch in der übrigen Welt passiert, so reagiert Budapest stets mit einem

Witz. Mag das Ereignis noch so erschreckend oder gräßlich sein: Ungarn erwidert darauf mit einer Anekdote. Das beruht nicht auf Kälte oder Frivolität; es ist eine natürliche, defensive Antwort, die den Witz auf die Ebene einer gewissen Kunst und politischen Waffe erhoben hat. In England, Amerika oder Holland ist ein Witz ein Witz, eine Anekdote, die zur Belebung eines geselligen Beisammenseins dient. In Ungarn ist ein Witz ein Beruhigungsmittel und ein Hieb gegen Tyrannei.

Man nehme ein beliebiges Ereignis aus der Zeit Ungarns nach dem Krieg.

Obligatorische Beweihräucherung der Russen setzte sofort nach dem Krieg ein. Die Kultur der Sowjets sei der westlichen Kultur überlegen; alles, vom Fahrrad bis zum Fernsehen, sei angeblich von den Russen erfunden worden (gewöhnlich von einem Mann namens Popow); in Rußland geboren zu sein, sei das Schönste, was man sich vorstellen konnte. Die Ungarn lauschten diesen Lehren schweigend und skeptisch, denn sie hatten die Primitivität, Brutalität und Armut der Roten Armee und einiger russischer Beamter am eigenen Leib erlebt. Und so erzählte man sich folgenden Witz:

»Welche Nationalität hatten Adam und Eva?«

Antwort: »Sie waren Russen. Sie darbten, gingen barfuß und nackt, mußten Äpfel stehlen, um ihren Hunger zu stillen, behaupteten jedoch steif und fest, daß sie im Paradies lebten.«

Der Terror wurde immer unerträglicher: Scheinprozesse, Hinrichtung Unschuldiger und Erpressung falscher Geständnisse waren an der Tagesordnung. Budapest erinnerte sich an Attila, den Hunnen – aber keineswegs abfällig: Die Hunnen waren Vettern der Ungarn, man hatte uns immer gelehrt, sie hoch zu achten und ich war ehrlich erstaunt, zu erfahren, daß in England *Hunne* ein üblicher Beiname für die kriegerischen Deutschen war (die Folge einer dummen und prahlerischen Äußerung des Kaisers vor dem Ersten Weltkrieg). In Ungarn lernten wir in der Schule, daß Attila nach seinem Tod in einen dreifachen Sarg gelegt und in die Donau versenkt worden sei. Immer wieder tauchte ein dreifacher Sarg auf, was eine heftige Debatte darüber auslöste, ob die darin enthaltenen sterblichen Überreste von dem König der Hunnen stammten. Es heißt, daß auf dem Höhepunkt des Rakoši-Terrors abermals ein solcher Sarg entdeckt worden sei, diesmal jedoch nicht der leiseste Zweifel bestehe: Es *war* Attila.

»Aber woher weiß man das so genau?«

»Er hat gestanden«, lautete die Antwort.

Der furchtbarste Augenblick der Nachkriegsgeschichte Ungarns ereignete sich im Morgengrauen des 4. November 1956. Kurz zuvor war das Land trunken vor Freude in der Annahme, es sei ihnen gelungen, die Russen loszuwerden. Aber in den frühen Morgenstunden jenes Sonntags brachen die Russen ihr Wort und kamen wieder; Panzer und Artillerie eröffneten das Feuer auf Gebäude, wo friedliche Bürger im Schlaf lagen, und dabei wurden viele getötet. Aus dem von den Russen besetzten Rundfunk tönten unaufhörlich Aufrufe an das Volk, sich ruhig zu verhalten, weil die Russen als Freunde gekommen wären.

»Gott sei Dank«, kommentierte Budapest trocken. »Wie hätten sie sich erst benommen, wenn sie als Feinde gekommen wären.«

Im großen und ganzen sind die Witze weniger grimmig. Ich interviewte einen alten Freund, Iwan Boldiszar, Redakteur und Schriftsteller, für meinen Fernsehfilm, und er erzählte mir einen landläufigen Witz:

»Warum streiken ungarische Arbeiter nie?«

»Weil niemand den Unterschied bemerken würde.«

»Und warum arbeiten ungarische Arbeiter nicht?«

»Das ist Tradition. In Ungarn arbeitet die herrschende Klasse nie.«

Und da gibt es auch den Witz über reine Ideologie. Das Mitglied einer Zigeuner-Kapelle geht zu seinem *Primas* und fragt ihn:

»Sag mal, man hört dauernd diese Worte, aber ich versteh sie einfach nicht. Was, zum Teufel, bedeuten Kapitalismus, Kommunismus, Sozialismus und Reaktion?«

»Es ist ganz einfach«, sagte der Kapellmeister. »Angenommen, ein Gast, dem wir aufspielen, gibt uns hundert Forint. Wenn ich alles für mich behalte, ist das Kapitalismus; wenn ich es gleichmäßig unter uns verteile, ist das Kommunismus; wenn ich das ganze Geld in eine neue Geige investiere und keiner kriegt einen Pfennig davon zu sehen, ist das Sozialismus. Und wenn irgendeiner wagt, etwas dagegen zu sagen, ist er ein lausiger Reaktionär.«

Das Jahr 1970 – wie bereits erwähnt – war das Jahr des hundertsten Geburtstages Lenins. Ein ganzes Jahr lang redeten Rundfunk, Fernsehen und Zeitungen von fast nichts anderem, keine politische Rede wurde ohne speichelleckerische Bezugnahme auf Lenin gehalten, ihm zu Ehren wurden Lieder komponiert und Stücke aufgeführt, bis schließlich das ganze Land an akuter Leninvergiftung litt und die bloße Erwähnung seines Namens Gähnen und Übelkeit hervorrief.

»Welches große Ereignis fand im Jahr 1873 statt?« fragte Budapest.

»?????????«

»Lenin war drei Jahre alt.«

Auf diese Weise hat in Ungarn der Witz eine große soziale und politische Bedeutung – ebenso wie er es für die von den Zaren unterdrückten Juden hatte. Die Juden im zaristischen Rußland wurden verfolgt, herumgestoßen, mit Verachtung behandelt, und bewahrten dennoch – mit Recht – die Überzeugung, daß sie keine schlechteren, wertloseren Menschen waren als ihre ungeschliffenen, ungebildeten und korrupten Unterdrücker. (Diese Gedanken wurden auch in meinem Buch *Nimm das Leben nicht so ernst* ausgesprochen. Ich stelle fest, daß ich fortwährend aus meinen früheren Büchern zitiere. Intime Vertrautheit mit den eigenen Quellen ist ein Zeichen wahrer Gelehrsamkeit.)

Das einzige Mittel, um ihre Selbstachtung zu bewahren, ja, um überhaupt zu überleben, bestand darin, sich über ihre Quälgeister lustig zu machen.

Etwas Ähnliches vollzieht sich in Ungarn unter der jetzigen Tyrannei; und natürlich hat der Budapester Witz einen stark jüdischen Einschlag. Unter Diktaturen ersetzen Witze Presse, öffentliche Debatten, das Parlament und oft sogar private Diskussionen – und sie sind besser als all diese. Sie sind besser, weil eine ernsthafte Debatte zwei Seiten, zwei Ansichten zuläßt; eine ernsthafte Debatte bietet Argumente und erlaubt Erwiderungen. Aber der Witz ist ein Blitz, ein Degenstoß – und er ist ebenso einseitig und tyrannisch wie die Äußerungen des Tyrannen. Der Witz macht den Tyrannen lächerlich, bringt seine Aufgeblasenheit zum Platzen und stürzt ihn von seinem Sockel. Jeder Witz scheint den Tyrannen zu schwächen, jedes Lachen auf seine Kosten ist wie ein Nagel zu seinem Sarg. Kein Bewohner einer westlichen Demokratie kann sich vorstellen, welche befreiende und belebende Wirkung Witze haben, die unter der Hand verbreitet werden. Das Regime ist sich der laufenden Witze voll bewußt. Kadar – nach dem, was ich von ihm gehört habe – besteht darauf, die neuesten zu erfahren, nicht nur, weil er wissen will, was vorgeht, sondern auch, weil er einen guten Witz genießt. Das Regime duldet und ermutigt diese Witze – einige Regierungsmitglieder zählen ebenfalls zu den Witzbolden Budapests. Der Witz mag zwar ein Nagel zum Sarg des Tyrannen sein, aber zugleich ist er ein Sicherheitsventil und dient auf seine Weise sogar dem Schutz der Tyrannei, die er unterminieren möchte. Das ist typisch: die lächelnde Duldung von Witzen mag wie ein überzeugender Beweis von Liberalisierung aussehen; in Wirklichkeit ist sie der geschickte Dreh einer Tyrannei, die zweifellos milder geworden ist.

Budapests Witze sind ein Segen – jedoch haben sie ein merkwürdiges Nebenprodukt. Der Ruf der Stadt als Haupstadt des Witzes wuchs und wuchs, bis er zur reinen Pose verflachte. Heute bildet sich Budapest ein, daß die Welt, was immer in Ungarn, dem Nahen Osten oder sonstwo passiert, von Budapest einen witzigen Kommentar erwartet. Sie glauben, sie *müßten* den Witz produzieren. Sie denken nicht etwa, daß die ganze Welt atemberaubend auf eine Rede des Präsidenten der Vereinigten Staaten oder des Ersten Sekretärs der Kommunistischen Partei, auf die Reaktion der Weltpresse und den nächsten Zug der NATO wartet. Worauf sie wartet, ist das, was die Spötter Budapests dazu sagen werden. Trifft man, nach einem erschreckenden politischen Ereignis, einen Ungarn, sagte er: »Kennen Sie schon den neuesten ...?« Er und seine Landsleute werden allmählich zu den größten Langweilern der Welt. Die Witze sind oft gut; aber andrerseits zu oft ein Aufguß alter Kamellen, ein bißchen öde und blaß, wie alles, was selbstgefällig, selbstbezogen und besserwisserisch ist.

Worauf will ich hinaus? Ist der Budapester Witz etwas Gutes oder etwas Schlechtes? Bin ich dafür oder dagegen?

Er ist etwas Gutes, und ich bin dafür. Ihr Humor ist die Zuflucht der Leute von Budapest. Es ist die Zuflucht, die ihre Würde rettet und sie gelegentlich vor dem Irrsinn bewahrt. Aber leider kann man nicht umhin, festzustellen, daß ein Vierteljahrhundert der Enttäuschung, Entbehrung, Tyrannei und Furcht ihre Lust am Spaß und ihre Vergnügtheit nicht gerade gesteigert haben.

Ich möchte dieses Kapitel mit einem Witz beschließen, der während meines letzten Besuchs besonders beliebt war. Er ist einer von Tausenden über Lenin.

Für die große Jahrhundertfeier beschlossen die Uhrmacher Moskaus im Rahmen eines Wettbewerbs einen besonderen Beitrag zu leisten. Den dritten Preis erhielt eine Kuckucksuhr, die beim Schlagen den Kuckuck rufen ließ: »Lenin! Lenin!« Den zweiten Preis erhielt eine Uhr, deren Kuckuck den Ruf ertönen ließ: »Lenin hat gelebt! Lenin lebt! Es lebe Lenin!« Den ersten Preis bekam eine Uhr, wo statt des Kuckucks Lenin zum Vorschein kam und »Kuckuck! Kuckuck!« rief.

Es war der Frühstückskaffee, der uns am ersten Morgen im Hotel Royal serviert wurde, der uns bewog, auszuziehen. Ich hatte mit freudiger Erwartung von gutem Budapester Kaffee geträumt: er war früher einfach köstlich. Das scheußliche Spülwasser, das im Royal geboten wurde, war mehr als eine Enttäuschung. Es war eine Entdeckung nicht ohne politische Bedeutung.

Wenn ich vom »scheußlichen Spülwasser« spreche, meine ich nicht etwa, daß mir persönlich der Kaffee dort nicht schmeckte; ich meine damit, daß er einfach unter aller Kritik war. Er war sauer, als wäre der Kaffeesatz bereits mehrfach verwendet worden. Anschließende Nachforschungen ergaben, daß dem tatsächlich so war, Ungarn – alle Osteuropäer – sind so arm, daß Mausen weitverbreitet ist. Ehrliche Leute, die früher nie daran gedacht hätten, zu stehlen, werden heute trotz schwerer, gelegentlich brutaler Strafen dazu getrieben. Sie haben nicht einmal ein schlechtes Gewissen: da der Staat sie beraubt, gleicht man damit nur eine Ungerechtigkeit aus. Das Mausen in Restaurants und Kantinen ist überall notorisch leicht. Das ungarische Gesetz schreibt vor, wieviel Kaffee für eine Tasse verwendet werden muß. Kontrollen sind häufig, und Vergeltung für Verstöße hart. Also wagt es das Kantinenpersonal nicht, weniger Kaffee als vorgeschrieben zu verwenden, aber einige von ihnen mischen dennoch frischen Kaffee mit dem Satz von gestern halb und halb. Man versuche, nach diesem Rezept eine Tasse Kaffee zu machen und man wird sehen was ich meine und zugeben, daß die Adjektive »scheußlich« und »unter aller Kritik« noch außerordentlich maßvoll sind.

So war es in erster Linie dieser Kaffee, der uns aus dem Royal vertrieb – eines der teuren Luxushotels von Budapest. Wir mieteten zwei Zimmer in einer Privatwohnung, und das mag einer der ersten Fehler gewesen sein, die zu meiner späteren Ausweisung führten. In allen Hotelzimmern sind Mikrophone und sonstige Abhörgeräte von Anfang an eingebaut, und ihr Preis ist im Kostenvoranschlag einbegriffen. Das Privathaus, in das ich umzog, enthielt keine Mikrophone, und die Polizei mag vermutet haben, daß ich ihr ein Schnippchen schlagen und meine Privatgespräche privat halten wollte. Keineswegs. Ich wußte von den Mikrophonen und rechnete damit, daß ich in meinem Hotelzimmer von der Sowjetunion, ihrer Besatzungsmacht und der Polit-Polizei in den wärmsten Tönen, mit innigster Zärtlichkeit, oft mit Tränen in den

Augen sprechen müsse. Das einzige, was ich wollte, war ein anständiger Frühstückskaffee.

Ich war empört über den Kaffee – und wenn man empört ist – nicht bloß verärgert oder gereizt –, tut man gut daran, sich selbst zu prüfen. Moralische Entrüstung ist von allen menschlichen Reaktionen die widerlichste und verdächtigste: Der Moralist, der sich von starken und edlen Gefühlen bewegen läßt, sollte diese Gefühle stets sehr kritisch untersuchen. Diesmal war es zum Teil meine Schuld. (Das entschuldigt jedoch nicht den Kaffee: er *war* übles Spülwasser.) Ich sah ein, daß ich noch immer ein Magen-Patriot war.

In den meisten Dingen (nach dreiunddreißig Jahren England) bin ich noch englischer als die meisten Engländer geworden. In mancher Hinsicht könnten der Herzog von Devonshire oder ein Oberst der *Brigade of Guards* bei mir darin Unterricht nehmen, was Englisch-Sein heißt. Aber manche Dinge sind unausrottbar.

Ich habe bereits meinen Lyrik-Patriotismus erwähnt: Lyrik bedeutet für mich ausschließlich ungarische Lyrik. (Das ist kein literarischer Patriotismus, sondern nur Lyrik-Patriotismus. Was Prosa-Literatur anbetrifft, ist Ungarn eine kleine Nation mit einer kleinen Literatur – darunter einiges sehr Gutes – aber vier bis fünf seiner Lyriker haben Weltformat. Die Welt muß mir das leider unbesehen glauben – denn nur wenige sind imstande, diese scheinbar kühne Behauptung nachzuprüfen.)

Eine andere Stelle des Widerstands in mir ist der Fußball-Patriotismus. Das erstaunte mich, als ich es entdeckte. Ich interessiere mich nicht besonders für Fußball und habe es als Kind gehaßt; ich haßte den riesigen, schmutzigen Ball, der auf mich zuschwirrte und hatte Angst vor den großen Jungens, die erbarmungslos zustießen und mich gegen das Schienbein traten. Die ungarische Nationalmannschaft kam Anfang der fünfziger Jahre nach England, um ein Match zu spielen, das anschließend als »Match des Jahrhunderts« bezeichnet wurde. Ein paar Tage vor dem Match sprach ich mit Arthur Koestler, der mich fragte, auf wessen Seite ich stünde. Die bloße Frage verwunderte mich. Ich sagte ihm, daß ich jetzt britischer Staatsbürger sei, ein britischer Patriot und – selbstverständlich – auf seiten der Engländer stehe. Er schüttelte den Kopf und sagte: »Patriotismus und Fußball-Patriotismus sind zweierlei.« Ich verstand ihn nicht. Aber ein paar Tage vor dem Match begann ich zu schwanken. An dem großen Tag wurde ich mit Vicky – dem liebenswerten und großen Karikaturisten, der auf so tragische Weise umkam – nach Wembley gefahren. Vicky war ebenfalls gebürtiger Ungar, und unsere englischen Kollegen in dem Wagen begannen uns über die fürchterliche Niederlage zu necken, die Ungarn einstecken würde. Das gab für mich den Ausschlag. Wir schlossen rundherum Wetten ab und wollten, daß die Ungarn gewannen. Das Match begann, und die Ungarn schossen innerhalb von dreißig Sekunden ein Tor. Vicky und ich standen auf und applaudierten. Nie in meinem Leben war ich so nahe daran, gelyncht zu werden. Applaus auf der Presse-Tribüne ist ungehörig; im Stehen zu applaudieren ist noch schlimmer; aber aufzustehen und der Seite des Gegners zu applaudieren, ist das gemeinste Verbrechen, das man sich vorstellen kann. Das große Match war eine ganze Weile lang Stadtgespräch, und Vicky und ich stolzierten einher, als hätten wir alle sechs ungarischen Tore persönlich geschossen.

Das letzte Gebiet, auf dem ich ein unverbesserlicher Ungar geblieben bin, ist das Essen. In den ersten Tagen meines Aufenthalts erwiesen sich Erinnerung und Wunschdenken stärker als die Wirklichkeit. Außer dem Frühstück im Hotel Royal waren alle Mahlzeiten für mich von schöner Gefühlsduselei begleitet. Dies war ungarisches Essen, voll des Geschmacks meiner Kindheit, in Ungarn gekocht und zubereitet. Ich bemerkte, daß die Burschen vom BBC in ihrem Lob einigermaßen zurückhaltend waren. Sie waren sich meiner Begeisterung bewußt, und wenn ich die herrlichen Mahlzeiten pries, die wir verzehrten, nickten sie und sagten: »Gewiß.« Meine Freundin – eine große Kennerin auf dem Gebiet des Essens – sagte nicht einmal das. In wenigen Tagen konnte ich nicht umhin, die bittere Wirklichkeit zu erkennen: Das Essen war nicht der Rede wert, es rangierte von mittelmäßig bis ungenießbar. Wir hatten zwar manch prächtiges Mahl in Privathäusern, aber das ist eine andere Sache.

Die Gründe für diesen Abstieg sind unschwer zu erkennen. Zunächst einmal sind fast alle Restaurants staatseigen, so daß es keinen Wettbewerb gibt (das Essen in den wenigen privat bewirtschafteten Restaurants ist viel besser). Zweitens waren wir während der Hochsaison da, wo jedes Lokal mit Touristen überfüllt ist, egal welcher Dreck ihnen geboten wurde. Drittens sind die verwendeten Rohstoffe drittklassig. Viertens essen immer mehr Menschen in billigen Betriebskantinen, und immer weniger nehmen sich die Mühe, kochen zu lernen. Der dominierende Geschmack der ungarischen Küche ist Paprika. Sämtliche Gerichte haben den erforderlichen Paprikageschmack, und das genügt, um viele Ausländer – vorwiegend Deutsche – zu dem Glauben zu verführen, daß ihnen die großartigste ungarische Kost geboten wird. Gerechtigkeitshalber sollte ich betonen, daß ich Dutzende von deutschen Touristen nach ihrer Meinung fragte und sie alle erwiderten: » Ja, sehr gut, sehr gut.«

Wenn zufällig das Essen hie und da genießbar ist, wird es durch die Bedienung verdorben. Die Bedienung ist auf der ganzen Welt fürchterlich – zumindest während der Hochsaison. Ich weiß nicht, wie sie im Dezember sein mag, aber im August ist sie unvorstellbar schlecht.

Wir trafen ihn in dem Restaurant »Busolo Juhasz« (Zum traurigen Hirten) um acht Uhr abends ein. Wir mußten bis neun Uhr auf einen Tisch warten (was unsere eigene Schuld war, da wir keinen vorausbestellt hatten). Unsere Bestellung für drei Portionen Brathuhn und Wein wurde um 9 Uhr 30 entgegengenommen. Um 10 Uhr 10 wurden *zwei* Portionen gebracht. Wir fragten den Kellner: »Was ist mit der dritten Portion?« Er erwiderte, es tue ihm schrecklich leid, er verstehe nicht, wieso er sich so habe irren können, aber er werde die dritte Portion sofort bestellen. »Und was ist mit dem Wein?« Ach ja, der Wein. Er kam um 10 Uhr 40, die dritte Portion Huhn (die meine) um 11 Uhr 25. So schlimm war es normalerweise nicht, aber kaum besser.

Im »Gundel« – früher einmal der Stolz Budapests, heute ein mittelmäßiges Lokal mit gesalzenen Preisen – bewog uns der Kellner, ein bestimmtes Gericht zu wählen – die Spezialität des Hauses, heute abend besonders gut. Ich bestellte es, nur um fünfunddreißig Minuten später zu erfahren, daß es ausgegangen war. Im Café »Belvarosi« bekamen wir angeschlagene Gläser, aber immerhin empfahl uns die Kellnerin, von der unbeschädigten Seite zu trinken, damit wir uns nicht die Lippen zerschnitten. Im »Nador« in Pecs arbeiteten sie nach dem russischen System, was bedeutet, daß eine einzige, arme, überlastete und übermüdete Kellnerin bedient, während drei hoheitsvolle Oberkellner herumstehen und sie beaufsichtigen. Infolgedessen mußten wir, nachdem wir die übliche halbe Stunde auf unser Frühstück gewartet hatten, weitere fünfunddreißig Minuten auf die Rechnung warten – und unseren Orangensaft bekamen wir ganz zum Schluß, nachdem wir bereits gezahlt hatten. In dem besten Hotel in Veszprem waren die Kartoffeln halb roh, der Fisch kalt, die Tischtücher schmutzig – und wenn einem das nicht paßte, konnte man sich in ein anderes Restaurant begeben, das der gleichen Firma, dem Staat, gehörte. Diese Klagen könnte ich endlos fortsetzen. Gewiß erlebten wir ein paarmal eine leidliche Bedienung – aber das waren seltene Ausnahmen. Läden sind nicht besser als Restaurants, ja sogar noch schlimmer.

Ich hatte, ehe ich nach Ungarn kam, häufig gehört, daß Kellner und Verkäufer unhöflich seien. Das habe ich allerdings nirgends erlebt. Mit der Unfähigkeit, die einen rasend macht, gehen oft eine peinliche, altfränkische Höflichkeit einher, die in Ungarn noch immer sehr Mode ist – oder Seufzer der Resignation. – Man hat den Eindruck, daß Kellner überfordert sind und begreiflicherweise an Trinkgelder denkend, einen hoffnungslosen Kampf gegen schlechte Organisation und ein unfähiges – oft bösartiges – Küchenpersonal führen, das neidisch auf die Kellner ist und sein Bestes tut, damit sie keine Trinkgelder bekommen.

Nach ein paar Wochen in Ungarn wurde ich ausgewiesen (aus Gründen, die später berichtet werden). Die Ausweisung war keineswegs sehr angenehm, aber immerhin hatte auch sie gewisse positive Seiten. Zu diesen gehörte, daß ich nach meiner Ankunft in Wien ein Restaurant aufsuchen konnte, wo ich ein wirklich gutes ungarisches Mahl bekam.

Gatya-Nationalismus

Vor dem Krieg stellte man sich unter Ungarn ein romantisches, exzentrisches Volk vor, das ununterbrochen Zigeunermusik hörte, bis zum Morgengrauen wild *Csárdás* tanzte, um in einem letzten, noch heftigeren Ausbruch fast das Lokal zu zertrümmern.

Der *Primas*, Anführer der Zigeunerkapelle, ging von Tisch zu Tisch, geigte den Damen schmachtende Weisen ins Ohr und wurde von den Begleitern der Damen entlohnt, die auf die Geldscheine zu spucken pflegten, bevor sie sie dem Primas auf die Stirn klebten. Die Zigeuner wurden häufig zur Darbringung eines Ständchens gemietet: ein junger, oder unter Umständen auch ein alter Mann, der einer Dame den Hof machte, postierte die Kapelle um drei Uhr früh unter dem Fenster der Angebeteten mit dem Auftrag, ihre Lieblingsmelodie zu spielen. Es war rührend romantisch, nur daß es der gesamten Umwelt ihre Beziehung verriet, die ganze Gegend aufweckte und aufgebrachte, ältere oder eifersüchtige Nachbarn, die nur den Wunsch hatten, zu schlafen, gelegentlich einen Nachttopf auf das Haupt des Ständchengebers ausgossen und dadurch die romantische Wirkung der Veranstaltung einschränkten.

Fast jeder im Ausland hat von der *Pußta* gehört, der endlosen, einförmigen weiten Ebene mit ihren malerischen Ziehbrunnen, wo herrliche Wildpferde herumgaloppieren und später von den *csikos*, Ungarns Cowboys oder Gauchos, gezähmt werden. Die *csikos* und andere ungarische Bauern trugen den *gatya* – weiße Pluderhosen, die an lange, victorianische Unterhosen erinnern, ein außerordentlich komisches Kleidungsstück. Als ich als junger Journalist ins Ausland ging, schienen dort die Fremden erstaunt zu sein, daß ich nicht auf einem wilden Pußta-Pferd, mit wehenden Pluderhosen und einer Zigeunergeige unter dem Arm angaloppiert kam. Dieser *Pußta-und-Gatya-Nationalismus* ärgerte uns außerordentlich; es war ein verfälschtes Bild, das absichtlich vom Regime kultiviert wurde und in keiner Weise zu der Armut der dreißiger Jahre paßte, da blasse, stellenlose Arbeiter in ungeheizten, elenden Zimmern hungerten und alle Sorten von Intellektuellen – qualifizierte Ärzte, Rechtsanwälte, Ingenieure – sich von den Donaubrücken hinunterstürzten, weil sie keine Arbeit finden konnten und ihre Zukunft grau und hoffnungslos aussah. Aber das Aufspritzen der Fluten, das ihren Tod verkündete, ging im Degengeklirr von Duellanten und den schmachtenden Weisen von Zigeunerserenaden unter.

Ein Gutes, was die Kommunisten unter anderem taten, war, diesen *Gatya*-Nationalismus abzuschaffen. Mit Duellen war es vorbei, Ständchen galten als lächerlich und halb kriminell und die *Pußta* wurde in landwirtschaftliche Siedlungen verwandelt; sogar die Zigeuner wurden in Volksmusikanten umbenannt.

Aber in den sechziger Jahren begann der Tourismus sein häßliches Haupt zu erheben, und der Bedarf an harter Währung wurde dringend. Die Ungarn blickten mit neiderfüllten, ungläubigen Augen auf Spanien und sogar noch mehr auf Jugoslawien, zwei ehemals arme Länder, die durch den Tourismus reich wurden. Die Ungarn waren entschlossen, Touristen zu bekommen – aber wie? Wer würde nach Ungarn kommen wollen, fragten sie sich deprimiert zu Anfang der sechziger Jahre. Wer würde in ein Land reisen wollen, das für den Rakoši-Terror, den Mindszenty- und Rajk-Prozeß berüchtigt war, und vor allem für den Aufstand von 1956, der so ruchlos durch die Russen erstickt wurde? Aber das Regime begann liberaler zu werden und war entschlossen, der

Welt ein zivilisiertes Antlitz zu zeigen. Dieses Antlitz wurde in der Tat zivilisierter, und der Tourismus hatte schließlich eine weitere, liberalisierende Wirkung. Dennoch blieb die Frage bestehen: Wer in aller Welt würde nach Ungarn kommen wollen?

Die Antwort lag auf der Hand, jedoch war sie peinlich: zuallererst die Ungarn im Ausland, jene 200 000 jungen Männer und Frauen, die während des Aufstands geflüchtet waren und die ihre Eltern, Schwestern, Brüder, Tanten und Freunde gern besucht hätten. Aber war es möglich, diese Leute hereinzulassen? Ungarische Wirtschaftswissenschaftler – eine hochintelligente Gruppe, anerkannt in der ganzen Welt – warteten mit einer erstaunlichen Doktrin auf: Die Dollar, welche diese Flüchtlinge ins Land brächten, würden genauso hart sein wie die Dollar der weißen, angelsächsischen Protestanten, die von den Pilgervätern abstammten. Und das gleiche gelte für Sterling-Pfunde, Deutsche Mark und holländische Gulden ehemaliger Flüchtlinge, die das Land vor einigen Jahren verlassen hatten.

Diesen Menschen die Einreise zu gestatten, war ein kühner politischer Entschluß. Sie trafen häufig in großen, neuen Wagen ein, protzend und prahlerisch, und brachten ihren armen Verwandten Geschenke mit, die sie gönnerhaft und großtuerisch verteilten. Viele von ihnen waren vulgär; selbst die bescheidensten und wohlerzogensten unter ihnen wurden gehaßt und beneidet. Wenn ein Gast und Flüchtling aus dem Jahr 1956 – heute Kellner in Frankfurt – das Pech hatte, mit seinem riesigen weißen Mercedes ein Kind zu überfahren, war das ganze Land in Aufruhr: »Sie« kommen nach Hause, diese Halunken, um ungarische Kinder umzubringen! Tiefsitzende Gefühle bewegten jedes Herz; jedoch war die Tatsache nicht zu verschleiern, daß diese Verräter und Renegaten im kapitalistischen Westen in kürzester Zeit reich wurden, während wahre Patrioten und loyale Kommunisten – oder Leute, die zu lange gezögert und die Gelegenheit verpaßt hatten, rechtzeitig zu entkommen – sich in dem sozialistischen Paradies zu Tode schufteten, oft zwei bis drei verschiedene Arbeiten verrichteten, und es trotzdem zu nichts brachten.

Langsam jedoch *brachten* sie es zu etwas. Zum Teil, weil jene Renegaten dem Land mit ihren Devisen halfen. Der Appetit war angeregt worden: Der Tourismus mußte sachgemäß entwickelt werden. Flüchtlinge, die kamen, um Vater und Mutter zu besuchen, genügten nicht; *echte* Ausländer waren nötig, die auf Exotisches aus waren.

Es kam, wie es kommen mußte. Die feurigen Brandreden gegen feudalistische Scheinvorstellungen waren vergessen. Die Volksmusikanten wurden von neuem Zigeuner genannt, jetzt aber mit rot-grün-gelben falschen Husarenuniformen kostümiert (die sie nicht einmal unter Horthy getragen hatten), um den Generaldirektoren aus Mainz und den Vizepräsidenten aus Cleveland zu gefallen. Die *Pußta* (die inzwischen rapide zu einem normalen Gebiet der Landwirtschaft und Pferdezucht geworden war) wurde in die romantische Magyaren-Prärie zurückverwandelt – in die Bugac und Hortogaby des *Betyar* (dem Straßenräuber und ungarischen *Robin Hood*) und dem *csikos*, der mit wehender *gatya* auf seinem ungezähmten Pferd ritt. Mit anderen Worten, der *Gatya*-Nationalismus erlebte eine ungeahnte Auferstehung – und wurde noch alberner, noch ungereimter, noch geldgieriger als zuvor.

Das ungarische Essen sank ab, und die Bedienung wurde miserabel (siehe vorangehendes Kapitel), aber der Duft von *Paprika* lag über dem Land, und Besucher strömten zu Tausenden ein und genossen ihn. Rakoši, Rajk, Kardinal Mindszenty, 1956 und die Polit-Polizei – die Avo – (die sich scheinbar aufgelöst hatte) waren vergessen; die Besucher tranken den süffigen, süßlichen Ungarwein, sangen neu erlernte Magyaren-Lieder, tanzten den *Csárdás* zu Zigeunermusik, besuchten die *Pußta,* versuchten, die herrlichen wilden Pferde zu reiten und kauften sich ein Paar *Gatya*-Hosen, um sie nach Phoenix, Arizona, mitzunehmen und sie zu passenden Gelegenheiten so lässig zu tragen, wie das in Phoenix, Arizona, möglich ist.

Touristen strömten nach Ungarn, und die Regierung mußte beschämt erkennen: sie wußte, daß – was auch immer Marx und Lenin sie gelehrt hatte – ihr größter wirtschaftlicher Erfolg die Wiederbelebung des *Gatya*-Nationalismus war. Ungarn ist kein besonders schönes Land, kein Vergleich zu Österreich oder Jugoslawien, und die wenigen schönen Gegenden – einige Höhenlagen in Transdanubia oder der Matra – werden kaum je von Touristen besucht. Das Schwimmen im Balaton-See ist sehr gut, das Wasser angenehm weich und tut der Haut wohl, aber die Umgebung ist öde, einförmig und bedrückend, mit Ausnahme von vielleicht zwei Orten, Tihany und Szigliget. Die Touristen kommen hin, um Zigeunermusik zu hören, Gulasch zu essen, die Pußte zu sehen und andere künstliche Attraktionen zu erleben, wobei das ganze Schauspiel für Ungarn ebenso repräsentativ ist, wie es der *Santa Lucia* singende venezianische Gondoliere für die hungernden kalabresischen Bauern oder die Mafia ist. Mit den Touristen sind Millionen von Dollar ins Land geflossen; und die Regierung ist schamhaft errötet. Sie errötet auf dem ganzen Weg zur Bank.

Duelle sind noch immer verboten, werden mit der Zeit jedoch zweifellos wieder aufleben, und edle kommunistische Ritter werden dreimal am Tag öffentlich zum Kampf mit schweren Säbeln gegeneinander antreten. Eintritt zwei Dollar fünfzig.

In den Touristengebieten wachsen Hotels wie die Pilze aus der Erde. Manche sind besser gebaut als andere. Wir wohnten in einem, das sich »Der Lido« nannte, in Siofok am Balaton-See. Es war die erste Saison dieses Hotels, aber es befand sich bereits in der Auflösung: Von 98 Kacheln, die ursprünglich in die Wände des Badezimmers eingelassen waren, fehlten bereits 20, oder waren irreparabel verfärbt oder kaputt; die Dusche wackelte und spritzte überall Wasser hin, außer auf den verzweifelten Hotelgast, der unter ihr stand in der Hoffnung, naß zu werden. Die Wände waren rissig. Das Gebäude wird (sofern es nicht durch ein Wunder unter enormen Kosten gerettet werden sollte) in kürzester Zeit verkommen. Aber es kommt lediglich auf die Gegenwart an – auf die deutschen Touristen, die den Ort in eine deutsche Kolonie verwandeln; die ihre aufgewertete Mark freigebig ausgeben und Wohlstand mit sich bringen.

Dagegen ist im großen und ganzen nichts einzuwenden, und der Vorsatz, etwas auf die Schnelle zu verdienen, ist im Gegensatz zu der *gatya* keine ungarische Spezialität. Die Habgier dieser Leninisten mag einen überraschen, ihre Ehrfurcht vor dem verachteten Dollar ungereimt wirken. Ein hoher Beamter sagte einmal, der moderne Tourismus gleiche den Kreuzzügen: er bringe die Menschen zusammen. Als ich später darüber nachdachte, fand ich seine Worte äußerst passend: ja, ja, die Kreuzzüge, nickte ich – die Zahl der Menschen, die heute durch die Lande reisen, ist unvergleichlich viel höher als in jenen mittelalterlichen Zeiten, aber der vulgarisierende Effekt dürfte der gleiche sein. Diesmal jedoch ist es der Kreuzfahrer, der ausgeplündert wird, und nicht das Land, durch welches er zieht. Und moderner Tourismus hat ungefähr ebenso viel mit der Verbreitung des Christentums zu tun wie die Kreuzfahrer.

Ich verurteile die Ungarn nicht wegen ihres Eifers, den Touristen auszunehmen. Ich wüßte kein Land, wo das Wachstum des Tourismus' nicht vom Melken des Touristen begleitet wird. Aber das ganze Phänomen stimmt mich nachdenklich. In einer Welt, in der die britischen Imperialisten freiwillig ihre Kolonien aufgegeben haben, während die Sowjet-Kommunisten ein neues Kolonialreich errichten konnten, wo der größte wirtschaftliche Erfolg des wissenschaftlichen ungarischen Marxismus darin liegt, Horthys *Gatya*-Nationalismus in seiner schlimmsten Form wieder aufleben zu lassen, und wo – gleichzeitig – eine britische konservative Regierung das Rolls-Royce-Werk nationalisiert hat – sollten wir einander uns dann nicht etwas besser verstehen können? Oder wäre es möglich, daß wir einander, in vielfacher Hinsicht, nur allzugut verstehen?

Schwejk in Budapest

»Hoffentlich bekomme ich ein Visum«, sagte ich zu einem der ungarischen Botschafter des europäischen Kontinents, während ich in Wirklichkeit bereits darauf wartete. »Wenn sie mich 1964 hineingelassen haben, können sie unmöglich einen Grund dafür haben, mir heute die Einreise zu verwehren. Außerdem wissen sie, daß ich, obwohl ich gewisse Dinge kritisieren werde, das Land liebe und meine Einstellung nicht wirklich feindselig sein wird.«
Der Botschafter, der mir sehr genau zuhörte, erwiderte mit breitem Grinsen: »Wenn Sie versprechen, wirklich feindselig zu sein, wird man Sie bestimmt hereinlassen.«
Er hatte natürlich recht. Er meinte nämlich, daß die ungarische Regierung alles andere wünsche als ein abermaliges Zeugnis darüber, daß Ungarn ein nettes, zivilisiertes, beinah westliches Land sei, ganz anders als die anderen Satelliten-Staaten, wo das Leben – fast – ebenso angenehm – und – beinah – ebensoviel Freiheit herrsche wie in Schweden. Was den Ungarn lieber gewesen wäre, war ein schriftliches Zeugnis (das sie den Russen vorlegen konnten), daß sie eine garstige, orthodoxe kommunistische Tyrannei boten, fanatische Anhänger des Marxismus-Leninismus-Breschnewismus seien und das Leben in Ungarn sich kaum vom Leben in Usbekistan unterscheide.
»Was ist aus Schwejk geworden?« ist eine Frage, die in bezug auf die Tschechoslowakei häufig gestellt wird – Schwejk, dem »guten Soldaten«, unschuldig und dienstbereit, der nie eines Verbrechens überführt werden konnte, aber es unfehlbar fertigbrachte, den österreichischen Krieg zu sabotieren, und der die einzige große Romanfigur ist, die die Tschechen der Welt geschenkt haben. Die

Antwort liegt auf der Hand: Er ist heimlich über die Grenze gegangen und hat sich in Ungarn niedergelassen. Er beteuert lautstark seine Treue und Ergebenheit für den Breschnew-Kossigynismus, während er *Csárdás*, den ungarischen Nationaltanz, tanzt: zwei Schritte nach links, zwei Schritte nach rechts. Nur wenn Breschnew gerade nicht hinsieht, ändert er listig den Tanz um eine Kleinigkeit ab: ein Schritt nach links, drei Schritte nach rechts. Der Rhythmus bleibt der gleiche.

Ich möchte nicht den Eindruck erwecken, daß Ungarn das Land sorgloser, unbeschwerter Heiterkeit und fröhlicher Freiheit war oder ist. Über die Schreckenszeit Rakošis ist schon sehr viel geschrieben worden, und es wäre unnötig, noch einmal im Detail darauf einzugehen. Nur soviel sei gesagt, daß ich in London während des Kriegs etwa dreißig Freunde hatte – Kommunisten, Sozialisten oder unpolitische Menschen, die ihre Heimat liebten –, die nach Kriegsende nach Ungarn zurückkehrten. Sechsundzwanzig von ihnen wurden unter falschen Anklagen verhaftet, verprügelt, gefoltert und für fünf bis sieben Jahre ins Gefängnis gesperrt. Ein anderer wurde unter dem anhaltenden Druck der Inquisition und Folter wahnsinnig. Der größte Schock für ihn war die Tatsache, daß seine Treue zum Kommunismus bezweifelt wurde. Er beteuerte laut seine Loyalität; in der Tat, um eine Nuance zu laut. Er wurde von den Knüppeln der AVO-Schläger zu Tode geprügelt, während er »Lang lebe Stalin! Lang lebe die Sowjetunion!« rief. Er war ein lieber und sanfter Mensch, ein begabter Dichter. Der achtundzwanzigste bekam einen hohen Posten – nun, fast alle bekamen anfangs hohe Posten, aber dieser Mann hatte besonderes Glück, weil sein Bruder stellvertretender Chef der AVO (Geheimpolizei) war. Als sein Bruder während des Raik-Aufstands in Ungnade fiel, wurden beide verhaftet. Am Ende wurden beide *lebendig* in ein Säurebad gestoßen und starben buchstäblich ohne eine Spur zu hinterlassen. Der neunundzwanzigste wurde nach einem Scheinprozeß wegen Wirtschaftsspionage, deren er völlig unschuldig war, gehängt. Die Unschuld sämtlicher neunundzwanzig wurde schließlich nachgewiesen. Man leistete ihnen oder ihren Witwen widerwillig Abbitte, verbunden mit kleinen Geldbeträgen, als Entschädigung für die Folterungen, Demütigungen, Prügel, verlorene Jahre und Zähne, die ihnen die Schaftstiefel der AVO ausgeschlagen hatten. Nur der dreißigste meiner Freunde hatte das Glück, zu entkommen. Er war einer der ersten, die nach Hause fuhren. Er bestieg in Croydon ein Flugzeug, voller Hoffnung, Begeisterung und Optimismus für ein neues, sozialistisches, gerecht regiertes Ungarn. Sein Flugzeug stürzte bald nach dem Abheben ab, und er starb. Er war ein Glückspilz.

Heute wird zwar gern gesagt, daß diese Zeiten vorbei sind. Es sei die Zeit gewesen, in der zugegebenermaßen gegen die »Sozialistische Legalität« verstoßen wurde; es sei die Zeit des Personenkults gewesen. Die Elastizität der kommunistischen Ausdrucksweise verblüfft. Wenn irgend jemand in der geringsten, unbedeutendsten und oft unpolitischsten Weise vom wahren Glauben abwich, wurde er »japanischer Spion«, »imperialistische Hyäne« genannt. Wenn man jedoch jene zugegebenen Greuel erwähnt, das Hängen von Hunderten völlig unschuldiger Menschen, Prügel, Folterungen und Säurebäder, wird das englischste aller Understatements verwendet: das sei alles nur »Personenkult« gewesen. Nicht einmal der Kult eines sadistischen paranoiden Scheusals. Sondern schlicht und einfach »Personenkult«.

Aber natürlich war mit Stalins Tod das Grauen noch nicht zu Ende. Es folgten der Ungarn-Aufstand und der Terror Kadars. Der Terror Kadars ging nie so weit wie in früheren Zeiten. Es gab Hinrichtungen, und es gab Konzentrationslager, aber er war nie so schlimm wie der Stalin-Terror; er war ebenso freundlich und sanft wie etwa Horthy's Weißer Terror nach 1919 – eine der dunkelsten Zeiten von Unterdrückung, aber in solchen Dingen sind Gradunterschiede außerordentlich wichtig.

Kadar wird der Nachwelt noch immer eine Erklärung dafür geben müssen, wieso er – ein Minister von Imre Nagys Regierung – seinen Chef verriet und zum Handlanger der Russen wurde, und warum er zwei Jahre später der Hinrichtung Imre Nagys auf ungarischem Boden Vorschub leistete.

Keine Kleinigkeit, und die Erklärung wird – wenn und wann sie kommt – nicht ganz einfach sein. Nichtsdestoweniger hat derselbe Kadar sich als guter und humaner Mensch erwiesen, als ein Wunder des Überlebens, als geschickter Politiker, ungarischer Patriot, Mann von anständigen Instinkten und liberalen Tendenzen, ein Mann mit Sinn für Humor, und wer bestreiten wollte, daß unter ihm Ungarns Los sich über alles Erwarten verbessert hat, ist entweder ein Narr oder ein unverbesserlicher Befürworter des kalten Kriegs. Sogar Todfeinde der Kommunisten haben Angst vor der Möglichkeit, daß Kadar sterben oder gestürzt werden könnte. Dennoch bleibt Ungarn ein russisch besetztes Land. Tausende von russischen Panzern und Hunderte von Flugzeugen sind die Wächter der sozialistischen Ordnung – und die AVO (heute unter einem neuen Namen) hat noch immer andere Aufgaben als bloß den Verkehr zu regeln und sich um das Wohlergehen der Touristen zu kümmern. Von den russischen Streitkräften wird – wenn sie überhaupt erwähnt werden – immer gesagt, »sie seien vorübergehend in unserem Land stationiert«. Sie kamen im Jahr 1945. Die Herrschaft der Habsburger in Ungarn war ebenfalls vorübergehend. Sie dauerte vierhundert Jahre.

Auf jeden Fall ist inzwischen Schwejk in Budapest eingetroffen und hat mehr oder weniger die Zügel der Regierung ergriffen. Schwejk ist in Ungarn kein Neuling. Während des Krieges – von 1941 bis 1944 – hatte Ungarn einen Ministerpräsidenten, Miklos Kallay, der wohl der Meisterjongleur aller Zeiten war. Zur gleichen Zeit, da er den Nazis seine unwandelbare Loyalität beteuerte, Truppen an die Ostfront schickte und sich antisemitisch gebärdete, schützte er nach Kräften die Juden und traf mit den Briten und Amerikanern ein Abkommen, nicht auf ihre Flugzeuge zu schießen, während sie ihrerseits als Gegenleistung versicherten, kein ungarisches Territorium zu bombardieren. Als dennoch einige amerikanische Bomben fielen, protestierte Kallay auf neutralen Umwegen bei den Amerikanern, die sich ordnungsgemäß entschuldigten. Und das alles mitten im Krieg, zwischen den kriegführenden Mächten.

Wenn Kallay der beste Schüler Schwejks war, so ist Kadar der beste Schüler Kallays – einerseits einander sehr ähnlich und andrerseits grundverschieden. Die Ähnlichkeit besteht darin, daß sowohl Kallay wie Kadar echte ungarische Patrioten waren. Der Unterschied liegt in ihrer Einstellung zu ihren Herren. Kallay war kein Nazi. Er haßte die Deutschen und alles, was sie vertraten. Kadar ist ein ehrlicher und überzeugter Kommunist, der an die Ideologie glaubt, und die Russen haben allen Grund, ihm zu trauen.

Wie funktioniert dieser moderne Schwejkismus-Kallayismus heute? Einfach und wirkungsvoll. Er hat zwei Grundregeln:

1. Man leiste der Orthodoxie lautstarken Lippendienst und fahre dabei fort zu experimentieren. Ehe man eine halb-kapitalistische Maßnahme einführt, erkläre man, daß dies ein neuer Schlag sei, den man im Namen des wahren Leninismus führe.

2. In der Außenpolitik richte man sich voll und ganz nach der russischen Linie; dadurch gewinnt man einen weiten Spielraum für seine Innenpolitik.

Nur ein paar Beispiele. Im Jahr 1968 führten die Ungarn ein System ein, das sich NEUER WIRTSCHAFTS-MECHANISMUS nannte. Der Kern davon ist Dezentralisation und Autonomie in der Planung. Jedes Unternehmen muß rentabel sein und sich selber tragen. Einer der Begründer des Systems erläuterte mir, daß dies nicht etwa ein Schritt zurück zum Kapitalismus sei, sondern ein weiterer mutiger Schritt vorwärts zum Sozialismus. Nicht einmal eine Reform des Sozialismus', sondern echter, orthodoxer Sozialismus. Schließlich sei ja nichts dem Privatunternehmen zurückgegeben worden – es sei lediglich die zentrale Planung durch regionale Planung abgelöst worden. Rentabilität? – Der Sozialismus, fuhr er fort, habe nie etwas gegen Profite gehabt. Keine Wirtschaft könne sich unter permanenten Verlusten behaupten. Profit sei etwas anderes als *Privat*gewinn. Es ist wahr, daß heute Direktoren und Arbeiter am Gewinn *beteiligt* sind. Ich wies darauf hin, daß der Anteil der Direktoren und leitenden Angestellten riesig sei (bis zu 50 Prozent) und fragte, ob denn dieses System die bestehende Kluft zwischen arm und reich nicht noch vergrößere?

»O nein«, sagte der Wirtschaftswissenschaftler. »Begreifen Sie nicht, daß das Einkommen eines Direktors, der mit Verlust arbeitet, sich um die Hälfte verringert, während der Arbeiter nur gewinnen kann? Also tragen die Direktoren eine viel größere Verantwortung, und diese Verantwortung berechtigt zu höherem Lohn.«

Das beantwortete meine Frage natürlich positiv: jawohl, das neue System *wird* die bestehende Kluft zwischen arm und reich vergrößern. Die Rechtfertigung dafür – die Bezugnahme auf die höhere Verantwortung eines Direktors – war ein altes kapitalistisches Argument. Dennoch behauptete der Wirtschaftsfachmann, daß der Neue Wirtschafts-Mechanismus nichts mit Kapitalismus zu tun hätte: es sei die Verwirklichung des wahren Sozialismus'. Kritik – innerhalb eines Unternehmens – wurde ermutigt, neue Ideen begrüßt. Firmen arbeiteten rentabler und produzierten mehr; die Möglichkeit sozialistischen Gewinns war ein Anreiz. (Sozialistischer Gewinn hieß früher einmal *Profit,* dachte ich: nicht unbedingt eine Erfindung von Karl Marx.) Aber – fuhr er fort – die Gesamtplanung bleibt, und der Gewinn ist nicht alles. General Motors oder Ford mögen einzelne Werkstätten haben, die zugunsten des Unternehmens oder aus Prestigegründen mit Verlust arbeiten, aber das Unternehmen *als Ganzes* müsse rentabel sein; ebenso wie die Wirtschaft Ungarns *als Ganzes* rentabel sein müsse.

Ich war etwas erstaunt, General Motors und Ford zitiert zu bekommen, anstatt Engels oder Lenin, aber ich sagte lediglich:

»Das scheint doch dem jugoslawischen System sehr zu ähneln. Habe ich recht, daß Sie, ohne das jugoslawische Beispiel, dieses neue System gar nicht hätten?«

»Ich gebe zu, daß wir sehr viel von den Jugoslawen gelernt haben. Aber die Jugoslawen sind zu weit gegangen und haben wie verrückt dezentralisiert. Sie sind zu *anti-dogmatisch* geworden.«

Ich sah ihn an und fragte, ob es denn möglich sei, zu anti-dogmatisch zu werden.

»Natürlich«, sagte er, »in vielen Fällen kann *Anti-Dogmatik* an sich zu einem neuen Dogma werden.«

Sie haben auf alles eine Antwort. Und häufig eine geschickte. Und ihre Industrie blüht, und Ungarn geht es – im Gegensatz zu England – von Jahr zu Jahr besser.

Oder man nehme ein weiteres praktisches Beispiel dieses Neo-Schwejkismus. Diese Geschichte stammt aus »gewöhnlich« – allerdings ungewöhnlich – »wohlinformierter Quelle«. Während der Dubcek-Periode führten Dubcek und Breschnew eine zwölfstündige Diskussion, weil Dubcek den Russen erklärt hatte, daß er ein geringes Maß an privatem Unternehmen wieder einführen wolle. Kleinen Betrieben – von fünf bis zehn Angestellten – solle es erlaubt sein, gewisse Spezialarbeiten auszuführen, die sich für kleine Unternehmen besser eigneten. Breschnew war empört; er schimpfte und wütete. Er haute auf den Tisch. Er sagte, das hieße den Kapitalismus durch die Hintertür hereinlassen. Es sei ein Verrat an sozialistischen Prinzipien usw. Niemand behauptet, daß die Tschechoslowakei *wegen* dieses Plans besetzt wurde; aber jener Vorschlag hat ganz bestimmt auf Dubceks Verbrechensliste figuriert. Sämtliche Warschauer Pakt-Satelliten mußten Truppen entsenden, um sich an der Besetzung zu beteiligen. Die Ungarn taten es ebenfalls – auch sie straften Dubcek für seinen Plan zu einer Wiederbelebung des Privatunternehmens. Die Ungarn erwähnten nie, daß sie allerdings schon vor Jahren dieses Dubcek-System eingeführt hatten und zum Zeitpunkt der Besetzung der Tschechoslowakei bis zu 300 000 Ungarn in privaten Betrieben beschäftigt waren. Der ungeheure Unterschied war, daß die Ungarn Breschnew nicht vorher um Erlaubnis gefragt hatten und es im stillen machten; und wenn sie sich überhaupt darüber äußerten, es einen weiteren Schritt vorwärts zum Sozialismus nannten.

Vielleicht ist es der sanfte Kallay, den der Kommunist Kadar kopiert; vielleicht ist es der tschechische Schwejk, der naturalisierter Ungar wurde; oder vielleicht erleben wir lediglich, wie einer es anstellt, das eine zu tun und das andere nicht zu lassen. Wenn einer beschuldigt wird, diese Kunst auszuüben, protestiert er entrüstet, anstatt stolz auf seine Geschicklichkeit zu sein. Ich war im Leben immer bestrebt, das eine zu tun und das andere nicht zu lassen. Leider gelingt mir das nur selten, und wenn es mir gelingt, bekommt es mir nicht. Infolgedessen bewundere ich meine ungarischen Ex-Landsleute, dieses mit solchem Erfolg zu betreiben. Sie sind von allen Satelliten die zuverlässigsten (kommen gleich nach Ostdeutschland) und eifern dennoch den Jugoslawen nach, indem sie offen kapitalistische Methoden anwenden; sie weichen von der Heiligen Schrift ab und beteuern zugleich ihren innigen Glauben daran; ihr höchstes Ideal, ihr Treuebekenntnis, gilt der Sowjetunion, und dabei tun sie alles dazu, um ein westliches Land zu bleiben; sie beteiligten sich an der Besetzung der Tschechoslowakei, weil diese *versuchte,* das Privatunternehmen einzuführen, was sie selbst schon seit einigen Jahren getan hatten.

Und dennoch ... ist man zu der Annahme berechtigt, daß diese klugen Ungarn imstande sind, die dummen Russen zu täuschen und sie an der Nase herumzuführen? Ist es tatsächlich wahrscheinlich – oder sogar möglich –, daß mehrere tausend russische Beobachter, die immer im Lande sind, nicht bemerken sollten, was jeder zufällige Besucher bei einem kurzfristigen Aufenthalt erkennt? Allmählich kommt einem der Verdacht, daß nicht etwa die Ungarn die Russen für ihre Zwecke benutzen, sondern umgekehrt. Solange sie nicht gegen *fundamentale* Gesetze verstoßen (und Dubcek wie Imre Nagy versuchten, sich gegen das heiligste dieser Prinzipien aufzulehnen) werden die Ungarn *ermutigt,* gewisse Experimente zu machen. Die Russen wollen sehen, wie sich gewisse Ideen in der Praxis auswirken und welche Reaktion sie im Westen hervorrufen. In diesem schmutzigen Geschäft der Politik – wie es so häufig östlich von Calais vorkommt – ist es wieder einmal ein bißchen schwierig, genau zu erkennen, wer eigentlich wen täuscht. (Und wenn ich an die britischen Wahlen von 1970 denke – mit dem eingebildeten, gönnerhaften, selbstsicheren Harold Wilson und dem »armen Ted«, von dem man dachte, daß er von Anfang an keine Chance hätte – ist das auch westlich von Calais nicht immer ganz leicht zu erkennen.)

»Diese riesige Armee von Fanatikern, die den kommunistischen Glauben mit Disziplin, Unterdrückung und Folter verbreiten, sind samt und sonders Ungläubige.« Diese Worte sprach ein polnischer Intellektueller, Czeslaw Milos, der Anfang der fünfziger Jahre, auf dem Höhepunkt des stalinschen Terrors, die Freiheit wählte. Ich kann das Zitat nicht belegen, aber damals machte das Argument einen großen Eindruck *auf mich*. Er wollte damit sagen, daß es etwa hundert verschiedene Maximen des Glaubens gab, und jeder, der irgendeinen davon ablehnte – oder auch nur anzweifelte – sich der Abweichung schuldig machte und Haft, schwere Bestrafung und möglicherweise Hinrichtung riskierte. Aber es gebe in der Sowjetunion oder Mittel- und Osteuropa *keinen einzigen Menschen, der* alles glaube *(alles* heißt, was die *Prawda* schrieb und die lokalen Satelliten-*Prawdas* kopierten); nicht einmal Stalin. Beispielsweise zu bezweifeln, daß Zinowiew und Konsorten tatsächlich Verräter und Agenten des ausländischen Geheimdienstes waren, bedeutete in jenen Tagen für den Zweifler den Tod. Aber Stalin wußte ganz genau, ebenso wie Hunderttausende anderer, daß Zinowiew auf Grund gefälschter Anklagen starb; er selbst hatte sie gefälscht.

Heute hat sich die Stimmung geändert. Die Schreckensherrschaft in stalinistischer Form ist vorbei; die Menschen in Ungarn dürfen eine gewisse Kritik äußern (siehe nächstes Kapitel), und die Angst vor dem Klopfen an der Wohnungstür im Morgengrauen verfolgt den gewöhnlichen Bürger nicht mehr. Ein Fünkchen Wahrheit des Glaubens zu bezweifeln, ist nicht mehr ein Kapitalverbrechen – obwohl der Zweifel an gewissen Grundprinzipien es noch immer ist. Rußland ist immer unpopulärer geworden, weil in ganz Osteuropa der Nationalismus gewachsen ist. Rumänen, Ungarn, Ostdeutsche und Polen hassen alle die Russen; sogar die Tschechen haben sich nach 1968 gegen sie gewandt. Nur den Bulgaren können sie noch trauen.

Was ist passiert? Die Antwort ist einfach und zwiefacher Natur. Erstens haben sich die Interessen vieler Menschen unlösbar mit dem Regime verstrickt, das jetzt über ein Vierteljahrhundert an der Macht ist. Es sind Beamte, Offiziere, Polizei-Angehörige, Polizisten, Politiker, Journalisten und eine Horde anderer, deren Lebensunterhalt von der kommunistischen Macht abhängt. Sie glauben zwar noch immer nicht, daß etwa der Aufstand von 1956 eine

Gegenrevolution war oder daß die ungarische Armee durch ihren Einmarsch in die Tschechoslowakei einem Bruderstaat zu Hilfe gekommen wäre, wo angeblich der Sozialismus durch eine Handvoll böser Volksfeinde bedroht gewesen sei; aber sie wollen *leben*. Eine Änderung würde nicht nur Schwierigkeiten für ihre Posten bedeuten, sondern in vielen Fällen sofortige Entlassung – und für einige – sogar Gefängnis. Der Aufstand von 1956 machte mit AVO-Beamten kurzen Prozeß und hängte sie an die Laternen; begreiflicherweise wollte man ähnliche Unanehmlichkeiten vermeiden. Schiere wirtschaftliche Interessen binden Tausende von Menschen an ein Regime, das sie verabscheuen. Im Lauf der Zeit haben sich weitere Tausende hinzugesellt, die – obwohl sie in vieler Hinsicht das Regime ablehnen – Lippendienst leisten, sich als loyale Parteimitglieder gebärden mußten und inzwischen als solche betrachtet werden und hoffnungslos kompromittiert sind. Je verhaßter das Regime wird, um so größeren Beistand leistet dieses Heer: von einer Änderung des Status quo hätten sie mehr zu befürchten. Jedoch, während die Russen immer unpopulärer werden, verliert das Regime nicht an Popularität – zumindest nicht in Ungarn. Vieles hat sich verbessert und verbessert sich weiter. Der ungarische Kommunismus hat das menschliche Antlitz – oder die menschliche Maske – errungen, von der Dubcek sprach. (Natürlich gibt es eine kleine Minderheit Unversöhnlicher. Diese finden an nichts etwas Gutes. Für sie sind alle Parteimitglieder Schurken oder Narren, für sie hat sich seit den Tagen Rakošis nichts verbessert, und wer auch nur ein Wort des Lobs über Kadar sagt, ist entweder ein Idiot oder ein Verräter an Ungarn.)

Aber interessanter und wichtiger ist die Haltung der Jugend. Junge Menschen in Ungarn scheinen nicht aufsässig zu sein. Sie sind nicht gegen den Sozialismus, und es wäre schwierig, einen einzigen unter ihnen zu finden, der zum Kapitalismus zurückkehren möchte. Der Konkurrenzkampf, die Grundstücksspekulanten, die Börsengesellschaft, die Geldgier und der Materialismus des Westens stoßen sie ab. Aber der Wohlstand, den der Kapitalismus erzeugt, reizt und erregt sie. Die Jugend des Westens ist überfüttert mit Konsumgütern, schnellen Sportwagen und Reisegesellschaften. Die ungarische Jugend möchte mehr Konsumgüter, mehr und schnellere Wagen – und träumt von Reisegesellschaften. Die Jugend des Westens verabscheut die Wohlstandsgesellschaft: Die ungarische Jugend sehnt sich nach Wohlstand.

Aber ihre Stimmung ist gedrückt. Eine der Klagen, die ich von ihnen hörte, war der Verlust von Idealen. »Wir haben nichts, *wogegen* wir kämpfen, und wenig, *wofür* wir kämpfen könnten«, sagte mir ein intelligenter Jura-Student. »Gewiß, wir akzeptieren den Sozialismus – aber was können wir dafür tun? Wir haben ihn, und damit hat sich's. Die ältere Generation brüstet sich mit ihren Kämpfen und Leistungen; wir *existieren* bloß. Wir akzeptieren die herrschende Ideologie und sorgen dafür, daß sie nicht in der Praxis vorherrscht. Akademiker genießen noch immer Klassenvorrechte – selbst wenn sie nicht mehr Klassenvorrechte heißen. Körperliche Arbeit ist noch immer anrüchig – aber niemand spricht das aus. Unser Sozialismus ist eine Lüge, und wir hassen Lügen. Aber für ›Wahrheit‹ und ›Ehrlichkeit‹ zu kämpfen, wäre zu vage, zu allgemein. Es wäre keine Ideologie. Nur ein vager Traum.«

Ich sprach mit vielen anderen. Sie akzeptieren den sozialistischen Überbau, und es gibt keine negative Agitation, keine gegenrevolutionäre Stimmung unter der ungarischen Jugend; jedoch gibt es eine Welle der Gleichgültigkeit. Sie sind keine Anarchisten; sie sind einfach gelangweilt. Natürlich gibt es kleine, aktivistische Gruppen. Manche davon nennen sich Maoisten, aber in Ungarn bedeutet Maoismus lediglich Anti-Sowjetismus und wird dadurch eigenartigerweise zum Äquivalent ungarischen Nationalismus'.

Allerdings gibt es eine Minderheit, die sich sehr für Politik interessiert. Sie steht links vom Regime, betrachtet es als ein bürgerliches, bürokratisches System und verlangt echten Sozialismus. Sie sind Leninisten, keine Breschnewisten; sie sind keine Trotzkisten, bewundern aber Rosa Luxemburg. Sie verfolgen die Entwicklung mit Verzweiflung; eine neue Klasse von Rechtsanwälten, Ingenieuren, Ärzten, Wirtschaftswissenschaftlern und anderen Akademikern regiert das Land, eine neue Bourgeoisie ist an die Stelle der alten getreten. Sie stimmen dem Brandt-Breschnew-Pakt zu, weil sie Frieden und Annäherung mit dem Westen wollen; aber viele von ihnen erinnern sich an den Ribbentrop-Molotow-Pakt, mit anderen Worten, sie befürchten nur einen weiteren zynischen, taktischen Schritt. Sie sagen, daß sich in zweieinhalb Jahrzehnten des Kommunismus eine neue Ordnung etabliert hat, und das Spiel, das gespielt wird, auf neuen Regeln beruhe; sie aber, die Jungen, lehnen alle Regeln und Spiele ab und sehnen sich nach Idealen, nach etwas Ehrlichkeit und Wahrheit. Kadar ist klug genug, diese jungen Idealisten nicht einfach als gegenstandslos abzutun. Er läßt ihre »verantwortungsbewußte Ungeduld« gelten, das heißt, die Ungeduld, die der Jugend ansteht, aber kein aktiver Ausdruck dieser Ungeduld wird toleriert.

Die gesamte Vergangenheit ist für Zwanzigjährige eine kommunistische Vergangenheit. Sie kennen kein anderes Regime. Junge Deutsche fragten nach dem Krieg ihre Eltern: »Wie konntet Ihr so etwas tun?« Wenn junge Ungarn die gleiche verständnislose und bekümmerte Frage stellen, beziehen sie sich auf die stalinistische Ära. Sie hören sich die Erklärungen der Alten über Irrtümer, Fehlbeurteilungen, die Verbrechen Stalins, den Personenkult an und können das Unfaßbare nicht begreifen, können das Unannehmbare nicht akzeptieren. Genauso wie die jungen Nachkriegsdeutschen die Entschuldigungen ihrer Eltern für die SS-Greuel und Vernichtungslager ablehnen; genauso wie die Jugend Israels die Sanftmut *ihrer* Eltern in den Konzentrationslagern nicht zu begreifen vermag.

Ebenso interessant ist die Frage: Was bedeutet der Aufstand von 1956 der Jugend von heute? Selbst führende kommunistische Politiker – nicht die jungen, sondern die alten – die noch immer von einer »Gegenrevolution« sprechen (ein total diskreditierter und höchst beleidigender Ausdruck) gestehen, daß 1956 ein Fehlschlag war. In erster Linie ihr eigenes Versagen, weil sie die Gefahren nicht vorausgesehen hatten; ein Fehlschlag des Aufstands an sich, der seinen Zweck nicht nur verfehlte, sondern schließlich die Uhr noch zurückstellte; ein Versagen der internen Verständigung; ein bedauerlicher oder – laut den rabiatesten von ihnen – ein beschämendes Ereignis. Geschickte Propagandisten des Regimes sprechen nicht mehr von »beschämend« und würden nie das Wort »Gegenrevolution« in den Mund nehmen. Es wäre unnötig herausfordernd. Jedoch behaupten sie, daß das heutige Regime alles – und mehr noch – erreicht hat, als was sich der Aufstand erhoffte. Heute hat Ungarn Konsumgüter, Auslandsreisen, eine gewisse Meinungsfreiheit, Tourismus, sogar gute alte Witze – was will man mehr?

Wenn man darauf hinweist, daß man sich für Ungarn echte Freiheit, echte Demokratie, eine politische Opposition, Selbstbestimmungsrecht und ein Ende der russischen Besetzung wünschen sollte, lächeln sie und sagen, man sei naiv und unrealistisch, ihre These lautet, daß Ungarn alles erreicht hat, was realistisch zu erhoffen gewesen wäre, und daß der Aufstand nicht nur keine Hilfe gewesen sei, sondern das alles nur verzögert habe. Die Wahrheit ist natürlich, daß ohne Chruschtschows Abkehr vom Stalinismus keine

Revolution stattgefunden hätte, daß aber ohne die Revolution viele dieser späteren Verbesserungen nie und nimmer erreicht worden wären.

Ich hatte erwartet, daß die DREIZEHN TAGE, DIE DIE WELT erschütterten ein großes, traumatisches Erlebnis für das Land gewesen wären – aber dem war nicht so. Für Westeuropa und ungarische Flüchtlinge im Ausland bedeuten diese Ereignisse mehr, ist das Erlebnis weit lebendiger als für die meisten Leute in Ungarn. Sogar diejenigen von ihnen, die den Aufstand von ganzem Herzen unterstützten, sind weit entfernt davon, übertrieben begeistert darüber zu sein. Auch für sie war es ein Ereignis, das gescheitert war und in einer Katastrophe endete. Sie erreichten nichts; sie hatten hinterher darunter zu leiden; sie wurden vom Westen im Stich gelassen.

Ich glaube noch immer, daß der Ungarn-Aufstand eines der bedeutsamsten, anfeuerndsten und verheißungsvollsten Ereignisse dieses Jahrhunderts war, aber die meisten Leute in Ungarn – selbst diejenigen, die sonst meine Anschauungen teilen – würden anderer Meinung sein. Sie sind verwundert und betreten; sie mögen zwar die Welt angefeuert haben, aber für sich selbst erreichten sie nichts; die Welt klatschte Beifall, kam ihnen aber nicht zu Hilfe; die Welt hatte Tränen in den Augen, aber *sie* mußten leiden. Am meisten überrascht die Haltung der Halbwüchsigen und der Universitäts-Studenten. Das kommt daher, daß die Revolution ihnen wenig bedeutet, weil sie zu jung waren, um daran teilzunehmen. Jugendliche zwischen achtzehn und zwanzig konnten im Jahr 1956 noch kaum laufen. Die Revolution dauerte keine vierzehn Tage und machte auf sie wenig Eindruck. Sie haben darüber eine Menge offizieller Propaganda und Blödsinn gehört, da die meisten von ihnen intelligent genug waren, abzulehnen, ohne jedoch imstande zu sein, der Wahrheit auf den Grund zu kommen. Auf jeden Fall ist der Aufstand von 1956 für sie ein historisches Ereignis wie etwa die beiden Weltkriege, die Revolution von 1848 oder die Legende von Unserem Vater Arpad.

Das große, traumatische Jahr für diese Studentengeneration ist nicht 1956, sondern 1968. Dieses Datum mag dem englischen oder amerikanischen Durchschnittsleser wenig sagen. Nun, was passierte denn 1968? Sehr viel. Die Revolte der französischen Studenten passierte sowie die Besetzung der Tschechoslowakei. Beide Ereignisse lösten eine ungeheure Aufregung aus und hinterließen einen unauslöschlichen Eindruck. Ihre Aussage war nur allzu klar. Das

Frankreich von 1968 lehrte sie, daß eine revolutionäre Jugend imstande ist, das Schicksal der Welt zu verändern; die Tschechoslowakei von 1968 lehrte sie das Gegenteil.

Der wahre Patriot

»Wir sind Sozialisten, aber wir hassen die Russen«, sagte mir ein Achtzehnjähriger. »Wir sind keine Titoisten, aber wir wollen die Russen von hier weg haben. Wir können wenig dazu tun.« Dann fügte er nach einer kurzen Pause hinzu: »Aber das Wenige tun wir.«

»Was tut ihr?« fragte ich.

»Wir tun, was wir können, um den Russen unser Mißfallen zu zeigen.«

Ich verstand nicht. Hätte es nur die leiseste Manifestation von Feindseligkeit oder irgendeine Demonstration gegen die Russen gegeben, hätte es nicht unbemerkt bleiben können.

»Wir sind eine kleine Gruppe von Patrioten. Nicht wirklich organisiert oder so etwas. Aber eins können wir tun. Wir gehen nachts herum und pinkeln in die Benzin-Tanks von Wagen mit russischen Nummern.«

»Das soll wohl ein Witz sein?«

»Keineswegs. Viele Russen wissen davon. Sie parken ihre Wagen auf gut beleuchteten Plätzen unter den Laternen. Oder versuchen, Schlösser für ihre Benzin-Tanks zu bekommen. Aber viele andere wissen nichts davon. Und dann pinkeln wir, im Dunkeln, in ihre Tanks.«

Ich erinnerte mich an das Benzin, das 1964 in Ungarn verkauft wurde und dachte, daß ein bißchen Pipi seine Qualität vielleicht verbessert hätte. Aber diese Zeiten waren vorbei.

»Es ist nicht viel. Aber wir tun es«, sagte der Jüngling.

»Ich freue mich, daß der Geist der Revolution noch lebendig ist«, erwiderte ich etwas trocken.

»Unsere Methode ist nicht ideal«, fuhr der Knabe bescheiden fort. »Wir sind nur eine kleine Gruppe. Und Mädchen, mögen sie noch so begeistert sein, sind nicht imstande, ihrem Patriotismus freien Lauf zu lassen.«

Freier Lauf, dachte ich, ist das richtige Wort.

Wenn ich das Außenministerium in Budapest besuchte, wurde mir immer Coca Cola angeboten. Wie liberal kann man eigentlich werden? fragte ich mich erstaunt. Wie weit darf ein kommunistischer Staat in seinem Kotau vor den Leistungen der westlichen Zivilisation gehen?

Das Ungarn der siebziger Jahre ist ein anderes, angenehmeres Land als das Ungarn der fünfziger Jahre. Man findet unschwer Beweise für die Liberalisierung; und ebenso unschwer findet man Beweise dafür, daß die Liberalisierung ein Schwindel ist, nur um dem Westen und den Touristen aus dem Westen Sand in die Augen zu streuen.

Aber Verbesserungen bleiben Verbesserungen. Wenn man vor der Polizei keine Angst mehr haben muß, wenn man den Mund aufmachen darf und gewisse Dinge kritisieren darf, wenn man einen Paß bekommt und ins Ausland reisen darf, wenn zwei Kandidaten zur Wahl gestellt werden statt nur einer – dann wird das Leben erträglicher. Das zu leugnen, wäre ungerecht; dennoch bleiben nagende Zweifel.

Viele der neuen Freiheiten sind ganz offensichtlich Schwindel. Das Regime erklärt, daß heute jeder das Recht auf einen Paß hat, und ihn ohne Schwierigkeiten bekommen kann, was zutrifft, aber es wird nicht hinzugefügt, daß ein Paß noch nicht zu einer Auslandsreise berechtigt. Er ist zwar notwendig; aber ein bloßer Paß genügt noch nicht. Man braucht ein Ausreisevisum von der Polizei, und Kritikern des Regimes, widerspenstigen Elementen und Nonkonformisten wird es verweigert. So kann man zwar einen Paß bekommen, muß sich aber die Erlaubnis zur Ausreise erst verdienen. Oder vielleicht wäre es richtiger zu sagen, man darf nichts tun, was die Chancen dafür gefährdet.

Die Menschen – das heißt, gute, zuverlässige, loyale Menschen – dürfen einmal in zwei Jahren ins Ausland fahren und Devisen im Wert von 100 Dollar mitnehmen. Der Zoll ist insofern sehr liberal, als daß er keine Fragen stellt, wenn Reisende – die vier Wochen im Westen verbrachten – mit Waren im Wert von 500 Dollar zurückkommen. Jeder hat eine Tante im Ausland, und ungarische Tanten scheinen die freigebigste Spielart auf Erden zu sein.

»Es gibt in Ungarn keine Zensur«, sagten mir eine ganze Reihe von Journalisten. Das ist nicht wahr: Filme, Theaterstücke und Bücher *werden* zensiert, und Schriftsteller können zu mehr oder weniger langem Schreibverbot verurteilt werden. Jedes literarische Werk kann verstümmelt oder verändert werden, und Theaterstücke werden manchmal verboten. Die Literatur ist freier als in den schlimmsten Zeiten des Sozialistischen Realismus', aber der erlaubte Grad an Offenheit, Kritik oder Aufsässigkeit wird behördlich geregelt. Der Grad an Abweichung von der Parteilinie unterliegt einer Kontrolle; revolutionäre Schriften bedürfen behördlicher Genehmigung. Es ist wahr, daß die Zeitungen keiner Vorzensur unterliegen, aber das bedeutet gar nichts. Die bloße Androhung von Vergeltungsmaßnahmen und anschließender Bestrafung genügt. Außerdem erhalten Schreiberlinge der Partei, die als Chefredakteure (oder stellvertretende Chefredakteure) eingesetzt sind, genaue Instruktionen über die »Linie« und sorgen dafür, daß sie befolgt wird. *Interne* Zensur ist noch immer am wirksamsten.

Ein echtes und überraschendes Zeichen von Liberalisierung habe ich allerdings erlebt. Auf dem Kerepsi-Friedhof von Budapest – Ungarns Nationalfriedhof – liegen junge Freiheitskämpfer von 1956 begraben, die meisten davon Jugendliche, und ihre Grabsteine tragen die Inschrift: *Den Heldentod gestorben.* Ein paar Meter weiter etwa zweihundert Opfer der Geheimpolizei der Revolution in prächtigeren und beeindruckenderen Gräbern und ihre Grabsteine sprechen von der »ewigen Dankbarkeit der Nation«. Möglicherweise beabsichtigte die Regierung damit eine großmütige Geste der Versöhnung – aber gerade das ist bedeutsam. Stalin oder Rakoši haben überhaupt keine Versöhnung angestrebt. Es überrascht einen, zu sehen, daß die Freiheitskämpfer (die gelegentlich noch immer gegen-revolutionäre Banditen genannt werden) mit Ehren beigesetzt worden sind und öffentlich erklärt wird, daß sie als Helden starben.

Auch der Antisemitismus ist – mehr oder weniger – verblaßt und wird nicht offiziell ermutigt. Das Ungarn von heute ist kein Polen und keine Tschechoslowakei. Es waren die Russen, die nach der Liberalisierung drei Juden und einen Nichtjuden (Rajk) an die Macht brachten und anschließend den Juden befahlen, den Nichtjuden zu hängen, um schließlich den drei Juden vorzuwerfen a) daß sie Juden waren und b) daß sie Rajk getötet hatten.

Es wäre töricht, zu behaupten, daß sich der Antisemitismus in Ungarn überlebt hätte. Hunderttausende von Juden wurden während des Krieges von den Nazis und ihren ungarischen Schergen ermordet. Der Antisemitismus ist ein archetypischer, atavistischer

Haß auf *das eigene Ich,* und der moderne Antisemitismus braucht dafür keine Juden. Das ist eine überraschende Entdeckung, die auf das Konto der Polen geht. In Polen gibt es kaum noch Juden, aber der Antisemitismus blüht. Vielleicht wurden die Polen durch das Beispiel der mittelalterlichen Kirche ermutigt: Sie hatten jahrhundertelang Hexenjagden, obgleich es keine Hexen gab.

Das heutige Ungarn folgt der pro-arabischen Politik Rußlands, und eine ganze Reihe alter Faschisten und Ex-Nazis glauben, daß der »Anti-Zionismus« den Antisemitismus wieder salonfähig macht. Der Zionismus wird zu einem Schreckgespenst. Die Geheimpolizei verfolgt »Pro-Zionisten«, und viele Politiker beschuldigen ihre jüdischen Kollegen des »Pro-Zionismus«. Ein junger Mann suchte mich auf und befragte mich in einem »Interview« mehr als eine Stunde lang nach meinen Ansichten über Israel. Nur durch Zufall erfuhr ich, daß er kein Journalist, sondern Geheimpolizist war, der den Auftrag hatte, mich zu ertappen. Da ich zu dem Thema zwei Bücher geschrieben habe, hätten sie mich müheloser ›ertappen‹ können, wenn sie sie gelesen hätten.

Bei den Parlamentswahlen von 1971 (während ich dies schreibe, ist das erst geplant) sollen die Ungarn nicht nur die übliche eine Liste haben, sondern zwischen zwei Kandidaten wählen dürfen. Das bedeutet nicht etwa das Auftreten einer Opposition. Alle Kandidaten müssen die Ziele der Patriotischen Volksfront akzeptieren, mit anderen Worten, die kommunistische Partei. Ferner wird von den 349 ungarischen Wahlbezirken nur ein Bruchteil eine Auswahl haben. Also ist der liberale Charakter dieser Reform mehr scheinbar als echt. Und dennoch ... es übertrifft alles, was im sowjetischen Raum bekannt ist; es ist ein Schritt auf dem richtigen Weg; es ist eine Kandare für kleine lokale Machthaber: Es wird nicht mehr genügen, nur ihren Parteibonzen zu gefallen, sie werden sich auch um ihre Wähler bemühen müssen.

Der 20. August ist in Ungarn Nationalfeiertag. Früher war er der Sankt-Stephans-Tag. Sankt Stephan war ein Abkömmling Unseres Vater Arpad und brachte das Christentum nach Ungarn. Lange Zeit nach 1945 war Sankt Stephan tabu, nichtsdestoweniger blieb der 20. August ein Nationalfeiertag. Er wurde zum Verfassungstag, um die neue kommunistische Verfassung Ungarns zu feiern. Das Jahr meines Besuches, 1970, war aus zwei Gründen bedeutsam: Es war, wie bereits erwähnt, das Jahr des hundertjährigen Geburtstag Lenins: und zugleich war es das erstemal, daß Sankt Stephan wieder öffentlich als Stephan I. erwähnt werden durfte. Er wurde zwar seiner Heiligkeit beraubt, durfte aber wieder genannt werden; und der 20. August wurde als Verfassungstag und Tag Stephan I. gefeiert. Ich hörte mir auf dem Parlamentsplatz die Hauptrede des Tages an, die einer der Minister hielt: Lenin erwähnte er siebzehnmal, Stephan I. einmal, die Verfassung überhaupt nicht. Aber wenn es auch nur ein flüchtiger Blick auf den Heiligen war – noch dazu unter einem Pseudonym –, so war er doch unauffällig ins öffentliche Leben zurückgeschlüpft.

Es ließen sich noch viele Beispiele anführen. Die Frage: *Ist die Liberalisierung in Ungarn echt?* sollte meiner Ansicht bejaht werden. Allein die Atmosphäre im Land läßt erkennen, daß die Menschen frei atmen und mit ihrem Los entweder zufrieden sind oder zumindest sich damit abgefunden haben. Ungarn ist, wenn auch noch so langsam, auf dem richtigen Weg; es schreitet vorwärts, schreitet gemächlich, es hat keine Eile, aber es nähert sich dem Ziel, statt sich von ihm zu entfernen. Westliche Beobachter sind oft erstaunt, wenn Ungarn sich damit brüsten, daß keine willkürlichen Verhaftungen mehr stattfinden. Ob denn das ein solcher Segen sei? Leute, die unter dem Stalinschen Terror gelebt haben, sind dankbar für kleine Wohltaten und wissen, daß es in der Tat ein Segen ist.

Der Haken an dieser Liberalisierung liegt nicht darin, daß sie unecht wäre, sondern darin, daß sie strikt von oben gelenkt wird. Sie geht so weit, wie die Behörden es zulassen, und nicht weiter. Opposition wird geduldet; Aufsässigkeit wird (beschränkt) genehmigt. Das Spiel hat seine Regeln, und solange man das weiß und sie befolgt, geschieht einem nichts. Kritik? O ja. Man darf den Mangel an Kalbfleisch auf dem Markt kritisieren; die schlechte Verteilung von neuen Kartoffeln; die Verschmutzung der Parks durch weggeworfenen Abfall und die Spärlichkeit des Trambahnverkehrs. Komiker dürfen auf der Bühne ein paar freche Bemerkungen gegen die Politik der Regierung riskieren, und das Publikum darf dazu Beifall klatschen. Sollte der Witzbold zu weit gehen, wird er gebührend bestraft.

Unserem Fernsehprogramm ist es gestattet, untergeordnete Minister über Verwaltungsfragen (schlechte Wohnverhältnisse oder ungenügende Krankenhauseinrichtungen) in robuster, pseudo-westlicher Manier zu interviewen. Solche Kritik erweckt den Eindruck von Freiheit und wirkt gleichzeitig als Sicherheitsventil. Jeder, der sich Luft machen darf, wird sich hinterher beruhigen. Soweit ist alles in Ordnung. Aber nur ein Verrückter würde es wagen, ein

Wort gegen die Sowjetunion zu sagen oder anzudeuten, daß die Besatzungstruppen der Sowjets mal nach Hause gehen könnten, oder die Gründung einer Oppositionspartei vorschlagen, oder meinen, daß Kadar abdanken sollte, geschweige denn, daß Ungarn aus dem Warschauer Pakt austreten und sich der NATO anschließen sollte. Das alles wäre ein Verstoß gegen die Spielregeln und geradezu blanker Irrsinn.

Kein Wunder, daß die Menschen über die Liberalisation geteilter Meinung sind. Die leichtgläubigeren – und das bedeutet die überwältigende Mehrheit – freuen sich; sie fallen darauf herein. Aber immerhin bewegt man sich auf etwas mehr Freiheit zu, von überhaupt keiner Kritik zu einer leichten, von einem zu zwei Kandidaten, von zügellosem Polizeiterror zur Politpolizei, die sich bemüht, diskret im Hintergrund zu bleiben. Das sind wirkliche Vorteile, die nicht zu verachten sind. Aber die weniger naiven und pessimistischeren sind anderer Ansicht. Sie sagen, gelenkte Redefreiheit sei überhaupt keine Redefreiheit. Wenn man nicht sagen kann, was man will, sondern nur das, was man darf, wo ist da die Freiheit? Wie mir ein desillusionierter Ex-Kommunist sagte:

»Sicherlich ist es besser, *etwas* sagen zu dürfen als gar nichts. Sicherlich ist es besser, einmal in zwei Jahren ins Ausland reisen zu dürfen – vorausgesetzt, man ist ein guter, gehorsamer Mensch –, als überhaupt nicht zu reisen, wenn man den Parteiführern auch noch so eifrig die Stiefel lecken muß. Sicherlich sind zwei Kandidaten besser als einer, selbst wenn beide Kommunisten sind und vor ihrer Aufstellung sorgfältig überprüft werden. Aber es gibt keine verfassungsmäßigen Sicherungen. Unsere Freiheit – so wie sie ist – ist kein Recht, nur ein Darlehen, eine Laune. Ich könnte unser Land nicht als frei bezeichnen, aber ich gebe gern zu, daß es der lustigste Schuppen in dem großen russischen Konzentrationslager ist.«

Wie man zum lästigen Ausländer wird

Es war immer mein Traum, ein berühmter internationaler Spion zu sein. Die Erfüllung dieses Traums verdanke ich den Behörden meines Geburtslands. Zugegeben, ich hatte keinen Kampf auf Leben und Tod mit Mr. Aranyi – einem Beamten der Presseabteilung – auf dem Geländer eines Balkons im achtzehnten Stock des Außenministeriums zu bestehen; ich wurde nicht durch die Kloaken von Budapest gehetzt; ich bin nicht unter Wasser durch die Donau geschwommen, und niemals – das bedauere ich ganz besonders, war ich genötigt, einen falschen Bart zu tragen; aber ich wurde als Meister-Spion bezeichnet, und das entschädigt mich für vieles. Ein paar Stunden lang empfand ich mich als der legitime Nachfolger von James Bond.

Die Geschichte meiner Ausweisung aus Ungarn ist zwar nicht gerade von welthistorischer Bedeutung. Immerhin ist sie wert, kurz dargestellt zu werden, weil sie eine Moral enthält, und das heutige Ungarn und seine Liberalisierung besser beleuchtet als die Zigeunerkapellen in ihren falschen, rotsamtenen Husarenuniformen, die wilden Pußta-Pferde oder die wilden Touristen des Plattensees.

Als Michael Houldey, der Produzent meines BBC-Programms, und ich in Budapest eintrafen, wurde uns von den ungarischen Fernsehleuten gesagt, daß man uns einen ständigen Begleiter beigeben werde – der etwas euphemistisch als Produktionsleiter bezeichnet wurde. Das überraschte uns nicht: Wir wußten, daß Ungarn schließlich ein russisch-besetzter Satellitenstaat ist und keine skandinavische Demokratie. Aber es gibt solche und solche Polizeispitzel. Manche von ihnen sind reizend. Der Unsrige gehört zu einer anderen Kategorie. Ihm fehlte der Charme, Witz und die Herzlichkeit, die man mit führenden Polizeispitzeln verbindet, und obendrein war er unzuverlässig und untüchtig. Er sollte für uns Verabredungen treffen, aber er unterließ es; er sollte sich darum bemühen, uns und unseren Kameraleuten für die Feiern des 20. August auf dem Parlamentsplatz Passierscheine zu besorgen, um von dem Dach eines in der Nähe liegenden Ministeriums die Parade filmen zu können. Aber die Passierscheine, die er beschaffte, waren ungültig. Die Kameraleute gelangten nie auf das Dach des Ministeriums, und wir wurden von wütenden Soldaten und Polizisten von Pontius bis Pilatus gehetzt.

Zufällig hatte ich ein paar Tage vorher mit Herrn Aranyi, einem neu ernannten Mitglied der Presseabteilung des Außenministeriums gefrühstückt. Ich bat ihn, uns einen anderen Polizeispitzel zu geben. Wir hätten nichts gegen einen solchen; wir wünschten einen Polizeispitzel; wir bestünden sogar darauf. Aber wir wollten einen, der eine Spur liebenswürdiger sei oder zumindest einen tüchtigeren. Herr Aranyi zeigte sich besorgt. Er sagte mir, die Beziehungen zwischen dem BBC und dem ungarischen Fernsehen seien nicht so innig und liebevoll gewesen, wie zu wünschen gewesen wäre. Sie hätten sich in letzter Zeit zwar verbessert, aber falls ich einen anderen Polizeispitzel anforderte, könnte das böses Blut machen. Er schlug einen Kompromiß vor: da wir vorhatten, aufs Land zu fahren, nach Siklos (meinem Geburtsort), an den Plattensee und andere Touristenorte, brauchen wir auf dieser Reise keinen Polizeispitzel. Ich stimmte zu; aber, fuhr Herr Aranyi fort – nach unserer Rückkehr müßten wir für unsere letzte Woche, wenn wir politische Interviews und seriöse Arbeit tun würden, ihn uns gefallen lassen. Durchaus fair, sagte ich, ein echt britischer Kompromiß. Ich trank ein zweites Glas des amtlichen kommunistischen Coca-Cola, schüttelte ihm die Hand und fuhr etwa ein bis zwei Tage später ohne unseren Spitzel aufs Land.

Diesem gefiel das nicht. Und da er vorhatte, auf unsere Kosten seine Freundin mitzunehmen, gefiel es ihm erst recht nicht. (Die Freundin war mir etwas rätselhaft. Sie sah aus wie eine Type des Karikaturisten Charles Addams, die direkt aus dem *New Yorker* entsprungen war und in Ungarn politisches Asyl bekommen hatte. Später war ich überzeugt, daß sie in Wirklichkeit unseren Spitzel bespitzelte und sich ohne *seinen* amtlichen Spitzel zu bewegen, wäre für ihn ein ebensolcher Verstoß gegen die Bestimmungen gewesen wie es das für uns war, wenn wir uns ohne unseren Spitzel bewegten.) Daher lief unser Mann zu seinen Vorgesetzten, der Polit-Polizei, und erzählte ihnen, wir hätten ihn nicht mitgenommen. Die Polizei war empört – sie verlangte Achtung für ihre Spitzel. Als sich herausstellte, daß wir auf Anweisung des Außenministeriums gehandelt hatten, wurde die Sache noch schlimmer und zu einem internen Ressortstreit zwischen der Polizei und dem Außenministerium. Es mußte deutlich gezeigt werden, wer hier der Herr war. Und wenn es hart auf hart geht, sind die Herren des Landes die Polizei, und *ihre* Herren sind die Russen.

Also wurde beschlossen, daß man mich ausweisen müsse. Aber sie konnten mich nicht aufgrund dessen ausweisen, daß ich meinen amtlich bestellten Polizeispitzel zurückgelassen hatte: das wäre für das neue, liberale Image unmöglich. Man mußte mir ein Verbrechen andichten. In solchen Fällen entscheidet die Polizei über die Form des Verbrechens. Sie ist eine bewährte Macht, sie kann einem alles andichten. Die gängigsten Anklagen sind: Devisenvergehen (es ist kinderleicht, jemandem, ohne daß er es merkt, ein paar Dollar zuzustecken, um ein Devisenvergehen vorzutäuschen, das er nie begangen hat); Sexualverbrechen (Vergewaltigung von Mädchen unter sechs Jahren ist sehr beliebt) und Spionage. Spionage ist von diesen das honorigste, und ich bin den Polizei-Bonzen ewig dankbar, daß sie mich dieser Form von fingierter Anklage für würdig befunden haben.

Als wir von Kecskemet (einer kleinen Stadt südöstlich von Budapest) zu der Pußta fuhren, war uns ein Wagen gefolgt. Wir bemerkten ihn zuerst in Bugac, in der Pußta, wo er leer unter Bäumen stand. Nachdem wir unsere Arbeit in Bugac beendet hatten und uns auf dem Rückweg nach Kecskemet befanden, bemerkte Michael Houldey Bauern beim Heumachen. Er fand es ein hübsches Bild und hielt an, um es zu filmen. Er fuhr den BBC-Wagen Nummer I im Rückwärtsgang etwa hundertfünfzig Meter auf der Hauptstraße zurück. Die Verkehrsteilnehmer mußten anhalten oder langsam fahren, und hupten wie rabiat. Mit anderen Worten, er zog sehr viel Aufmerksamkeit auf sich, was ein alter Trick gewitzter Spione ist, damit sie nachher sagen können: »Würde ein Spion sich jemals so benehmen?«

BBC-Wagen Nummer II, mit dem Tontechniker, und Wagen Nummer III, in welchem ich mit einer Freundin reiste, blieben etwa hundertfünfzig Meter zurück und beteiligten sich nicht an dem Vorgang. Der Kameramann, sein Assistent und der Produzent stiegen aus ihrem Wagen aus, stellten ein Stativ auf und begannen zu filmen. Ein paar Minuten später stürzten sich zwei Polizisten auf sie und erklärten, sie filmten an einer Stelle, wo fotografieren verboten sei. Sie waren in dem Wagen, den wir unter den Bäumen in Bugac hatten stehen sehn, herangefahren und begleiteten uns nun zu der Polizeiwache von Kecskemet, wo man uns drei Stunden lang festhielt. Unser Film wurde beschlagnahmt, aber sonst wurden wir höflich behandelt.

Hier muß ich erläutern, daß es an gewissen Plätzen in Ungarn (und anderen kommunistischen Ländern) an den Landstraßen Tafeln gibt mit der Aufschrift PHOTOGRAPHIEREN VERBOTEN. Sie zeigen auch eine Kamera, die rot durchgestrichen ist. Ursprünglich dachte ich, sie hätten den Zweck, feindliche Agenten auf günstige Stellen für Spionage hinzuweisen – »*Hier* sollten Sie sich umsehen«, sagten sie: »Wir haben ganz in der Nähe ein lebenswichtiges Geheimnis verborgen« – aber ich irrte mich. Der eigentliche Zweck dieser Tafeln ist, die Polizei zu unterstützen, Unschuldige hereinzulegen.

Man erklärte uns, wir hätten vorsätzlich eine dieser Tafeln nicht beachtet und zeigte sie uns, die in Lebensgröße an einem Laternenpfahl hing. Wie kam es, daß wir sieben, drei davon am Steuer der Wagen, uns alle der Tatsache bewußt, daß wir nach solchen Tafeln Ausschau halten mußten, sie übersehen hatten? Ganz einfach, weil die Tafel erst aufgehängt worden war, *nachdem* die Mannschaft zu filmen begann. Später erfuhr ich, daß dies ein beliebter Trick ist und ein alter dazu: In Rußland war er bereits in den zwanziger Jahren längst eingeführt, mit dem Unterschied, daß in der Sowjetunion man aufgrund eines solchen abgekarteten Spiels durch Genickschuß endete, während ich lediglich des Landes verwiesen wurde. Später erklärte man mir, daß der Unterschied rein theoretisch sei. Ein Land, wo die Polizei nicht dafür da ist, Missetäter zu verfolgen, sondern unschuldige Menschen hereinzulegen, sei nicht zivilisiert, und die Polizei nicht besser als eine Bande von Verbrechern. Dem konnte ich nicht beipflichten. Ich war imstande, einen echten Unterschied darin zu entdecken, zwischen totgeschossen oder nachdrücklich ersucht zu werden, abzuhauen. Bei dieser Gelegenheit muß ich zugeben, daß die Liberalisierung in Ungarn viel echter als scheinbar ist.

Am Tag nach unserer Begegnung mit der Kecskemeter Polizei wurden wir von Herrn Aranyi vorgeladen, der mir sagte, daß ich *nicht* ausgewiesen wäre – oh, keineswegs –, sondern lediglich ersucht werde, das Land innerhalb von 24 Stunden zu verlassen. Ich erwiderte ihm, das Wesen eines Ersuchens bestehe darin, daß es dem Ersuchten freistehe, sich damit einverstanden zu erklären. Ob ich eine Wahl hätte? Herr Aranyi erklärte mir mit großem Nachdruck – und einem gewissen drohenden Unterton –, daß dies eine andere Art von Ersuchen sei und ich keine Wahl hätte. Dann wolle ich es lieber als Ausweisung bezeichnen, sagte ich zu ihm.

Herr Aranyi erläuterte mir, daß mir drei Hauptverschulden zur Last gelegt würden.

1. Wir hätten unseren Spitzel zurückgelassen. Ich erwiderte, wir hätten das auf seinen, Herrn Aranyis Rat getan – worauf er mir die Antwort schuldig blieb.

2. Wir hätten an Stellen gefilmt, die in unserem Plan nicht erwähnt worden waren. Ich erwiderte ihm, das beziehe sich wohl auf unser Filmen der Gräber der Freiheitskämpfer auf dem Kerepesi-Friedhof. Der stellvertretende Chefredakteur der *Nepszabadsag* (Ungarns lokale *Prawda*) habe mich auf die Existenz dieser Gräber hingewiesen, mich angeregt, sie zu filmen, wofür Herr Aranyi persönlich eine Sondererlaubnis bewilligt habe. Auch darauf blieb Herr Aranyi mir die Antwort schuldig.

3. Wir hätten an einer verbotenen Stelle gefilmt. Ich sagte ihm,

daß wir die Tafel übersehen hätten (damals glaubte ich noch, daß wir sie wirklich übersehen hatten) und daß in jedem Fall nicht ich den Fehler begangen hätte. Ich hatte mich nicht am Filmen beteiligt und saß hundertfünfzig Meter von der Stelle entfernt unschuldig lesend in meinem Wagen. In seiner Antwort darauf deutete Herr Aranyi an, daß Schuld nichts mit ungarischer Justiz zu tun habe: Ich sei der Kopf des Unternehmens, also müsse ich abreisen, obwohl das BBC-Team, das »das Verbrechen« *begangen* hatte, beschworen wurde, zu bleiben.

Ich war unendlich stolz, weil ich nie zuvor als Meisterspion bezeichnet worden war. Die BBC-Leute dagegen müssen ein bißchen beleidigt oder sogar neidisch gewesen sein, daß *mir* diese Auszeichnung zuteil geworden war, denn um ihr Mißfallen zu zeigen, verließen sie mit mir zusammen das Land.

Was ist die Moral dieser albernen Geschichte? Sie bietet einen besseren Einblick in das Räderwerk der ungarischen Demokratie als alles, was ich sonst erlebte. Man kratze noch so leicht an der Oberfläche, und unter der Fröhlichkeit, der Zigeunermusik und der Gutmütigkeit findet man den Polizeistaat. Die ganze Sache wurde höchst ungeschickt durchgeführt: Die Polizei war außerstande, auch nur vorzugeben, daß ich das »Verbrechen« des Filmens von Heuerntearbeitern begangen hätte; in Wirklichkeit war Micheal Houldey, der Chef unserer Gruppe, der gefährliche Kopf hinter diesem Verbrechen, so ungern ich das zugebe, und die Polizei hatte selber zugegeben, daß ich mich in gewisser Entfernung vom Schauplatz befunden hatte. Aber etwas bleibt immer hängen. Wie der Bühnenautor Franz Molnar einmal sagte: »Fasse nie Dreck an, nicht mal mit Handschuhen. Es ist nie der Dreck, der handschuhig wird; es ist immer der Handschuh, der dreckig wird.«
Die Polizei hat ihre Geschichte später weiter ausgeschmückt, aber sie brauchte dafür eine geraume Zeit. Wochen nach meiner Abreise begannen sie die Nachricht zu verbreiten, daß ich für »eine andere Organisation« gearbeitet und sogar einen russischen Militärflugplatz gefilmt hätte. Der erste Teil der Behauptung ist wahr. Ich arbeite tatsächlich für eine ganze Reihe »anderer Organisationen«: für den Verleger André Deutsch, London, Gambit INC. Boston, Econ Verlag, Düsseldorf, und – wenn ich Glück hatte – für Penguin Books und einige andere Verlage. Aber wer glaubt, daß eine Gruppe von Spionen so offen arbeiten würde, wie wir (das heißt,

das BBC-Team, denn *ich* war daran nicht beteiligt), würde alles glauben; und jeder, der etwa glaubt, daß die Russen, wenn eine Gruppe von Menschen dabei erwischt wird, einen russischen Flugplatz zu filmen, sich damit begnügen würden, einen einzigen Unschuldigen auszuweisen und nicht einmal irgendeinen der Beteiligten zu befragen oder ihnen die Anschuldigung vorzutragen . . . nun, da könnten Mr. Greville und ein paar andere eine ganz andere Geschichte erzählen.

Der beschlagnahmte Film war von der ungarischen Polizei und von Leuten des ungarischen Fernsehens überprüft worden. Da Budapest die indiskreteste Stadt der Welt ist, weiß ich, daß der Kommentar der Fernsehleute lautete: »Der Heuhaufen sieht wie ein Heuhaufen aus und sonst nichts.« Da ich aber die ungarische Polit-Polizei bezichtigt habe, mir eine Falle gestellt zu haben – mit anderen Worten, sich äußerst schlecht benommen zu haben –, läge ihr vielleicht zu ihrer eigenen Verteidigung daran, den Film einer Gruppe neutraler Fernsehleute vorzuführen, die uns anderen erzählen könnten, ob sie darauf irgendein Zeichen von militärischem Flugplatz – oder nur zwei Bauern bei der Heuernte – erkennen können. Ich verspreche hiermit feierlich jedem, der auch nur ein einziges russisches Flugzeug, sei es noch so klein oder verwischt, darauf ausmachen kann, eine Belohnung von 1000 Pfund, ja, bei näherer Überlegung erhöhe ich mein Angebot auf 1000 Pfund pro Flugzeug.

Eine Reihe von Freunden im Westen, die durch die Zeitungen von meinem Erlebnis erfuhren, oder meinen Bericht darüber im Fernsehen hörten, sagten mir, daß sie daraufhin ihren kommenden Urlaub nicht in Ungarn verbringen, sondern lieber in die Schweiz fahren würden. Andere, die noch immer gern hinfahren wollten, fragten mich, ob sie es tun sollten. Nun, neunhundertneunzig von tausend können das beruhigt tun, und sie werden von ihrem Besuch entzückt sein. Schließlich haben außer mir nur wenige einen Film über den Ungarn-Aufstand gedreht und ein Buch darüber geschrieben. Jeder, der eine ähnliche Akte aufzuweisen hat, sollte lieber nach Cap D'Ail fahren.

Kleine Autovergehen, wie einen Hund oder ein Schaf überfahren, werden mit rabiater Strenge geahndet, also hüte man sich davor, in Ungarn einen Hund oder ein Schaf zu überfahren. Wenn sie irgend etwas gegen einen haben, legen sie einen herein. Ein Flüchtling aus dem Jahr 1956, gegen den sie angeblich etwas hatten, betrank sich und gab, nachdem seine Barmittel an ungarischer Valuta erschöpft waren, der Zigeunerkapelle, die ihm aufgespielt hatte, einen Fünf-Dollar-Schein. Man verurteilte ihn zu vier Jahren Gefängnis. Gerechterweise muß ich zugeben, daß ich diesen Vorfall nicht aus erster Hand kenne und daß mein Informant, obwohl ich ihm traute, sich geirrt haben mag; aber leider hat mein eigenes Erlebnis mich allzu bereit gemacht, solche Geschichten zu glauben. So ein Vorfall könnte einem den Urlaub verderben.

Viele Leute – Journalisten, Rundfunk-Interviewer und Freunde – fragten mich: Wie ist es denn, wenn man für immer aus seinem Heimatland verbannt wird? Es ist nicht angenehm, aus irgendeinem Land hinausgeworfen zu werden, und wenn es gar das Geburtsland ist, das man noch immer liebt und als dessen Sohn man sich fühlt – wird es nicht angenehmer. Nichtsdestoweniger bin ich daran gewöhnt, Ungarn auf immer zu verlassen. Ich habe es schon häufig getan. 1938 verließ ich es auf immer, nur um 1948 dahin zurückzukehren. Während des Rakoši-Terrors war ich überzeugt, daß ich nie wieder hin könnte, aber ich konnte es. Nachdem ich während des Aufstands von 1956 wieder hingefahren war und ein Buch darüber geschrieben hatte, war ich sicher, daß mein Bruch mit dem Land endgültig sei, aber ich wurde eingeladen, zurückzukommen. Nach meinem höchst schmeichelhaften Artikel im *Encounter* war man zwar tief beleidigt, ließ mich jedoch wieder herein. Jetzt bin ich, natürlich auf ewig, ausgewiesen worden. Aber wie lang währt die Ewigkeit? In einem Land, wo Rajk eine Zeitlang der Hauptterrorist und Minister des Innern war und anschließend gehängt wurde – wo Rakoši einstmals ein Gott war, später aber keine Erlaubnis bekam, aus Rußland zurückzukehren und im Exil starb –, in einem Land, wo Kadar Regierungsmitglied war, dann ins Gefängnis kam und später zum Herrscher des Landes wurde –, in einem Land, wo man nicht einmal nach dem Tod in Ruhe gelassen wird (Rajk wurde erneut begraben und Stalin – in einem Nachbarland – aus seinem Mausoleum verbannt –): in solchen Ländern bleiben Beschlüsse nicht endgültig.

Laut einer beliebten Anekdote besuchen Kadar und seine Bonzen eine Stadt und werden gebeten, Geld für eine neue Schule und ein neues Gefängnis zu spenden. Er bewilligte fünftausend Forint für die Schule und eine Million für ein modernes Gefängnis. Einer seiner Kollegen fragt ihn: Wieso diese ungeheure Diskrepanz und seine Vorliebe zugunsten des Gefängnisses? Kadar erwidert: »Weil wir, meine Herren, wohl kaum wieder in die Schule gehen werden.«

Nun, eines Tages, wenn nicht nur die russisch kontrollierte Polizei, sondern sogar das ungarische Außenministerium ein Recht hat, in den Belangen des Landes mitzureden, kehre ich vielleicht zurück; vielleicht lädt man mich sogar dazu ein. Aber solange die herrschenden Herren am Ruder sind, oder bis sie wieder in die Schule oder woanders hingehn, werde ich – obwohl ich, meine Freunde, das Land, seine Sprache, seine Lyrik noch immer liebe – nicht von Heimweh verzehrt.

Meine Ausweisung war keine durchweg angenehme Erfahrung. Nachdem mir befohlen worden war, abzureisen, folgten einige außerordentlich unangenehme Stunden. Wir fuhren ein bißchen herum, wurden verfolgt und aus jedem denkbaren Blickwinkel beobachtet. Die Straße, in der wir wohnten, wimmelte plötzlich von Geheimpolizisten, die in bunten Hemden auf dem Pflaster herumstanden und ein betontes Desinteresse an mir zur Schau trugen. Andere Polizisten überwachten das BBC-Team in seinem Hotel. Als Micheal Houldey und ich uns privat unterhalten wollten, mußten wir im Park herumspazieren, um großen Ohren und kleinen Abhörgeräten aus dem Weg zu gehen. Als der Augenblick unserer Abreise kam, nur sechs Stunden nach der Unterhaltung mit Herrn Aranyi, hefteten sich von allen Seiten glühende Blicke auf uns. Auf unserem Weg an die Grenze wagten wir kein Wort zu reden, aus Angst, daß in unserem Wagen Mikrophone angebracht sein könnten.

Während jener Fahrt dachte ich mit großem Mitgefühl und innigerem Verständnis als je zuvor an die Millionen, die wir zurückließen. Wenn ein paar Stunden Unannehmlichkeiten und schließlich keiner allzu ernsten Gefahr in mir eine solche Besorgnis erweckt hatten, wie komme ich dazu, diejenigen zu verurteilen, die ihr ganzes Leben in einer Atmosphäre von Terror, die mit liberaler Einschüchterung abwechselte, verbringen müssen?

Bis ich an die Grenze kam, war ich nicht gerade in bester Verfassung. Ich war auf eine vierstündige Untersuchung und eine Menge Niederträchtigkeiten gefaßt. Aber die Zollkontrolle war eine reine Formsache. Der Zollbeamte (ein Polizist) – der letzte Ungar, mit dem ich auf ungarischem Boden sprach, ehe ich, wie befohlen, das Land verließ – stellte mir nur eine einzige Frage:

»Haben Sie Souvenirs?«

Inhalt